CAFÉ COM EXU

CAFÉ COM EXU

RUBENS OLIVEIRA

UM ENCONTRO COM A SABEDORIA QUE CAMINHA AO SEU LADO

academia

Preparação: Ana Maria Fiorini
Revisão: Wélida Muniz e Bárbara Parente
Projeto gráfico e diagramação: Gisele Baptista de Oliveira
Capa: Nine Editorial
Ilustrações de miolo: Freepik, macrovector_official / Freepik, Creative_hat / Freepik
Imagem de capa: Vynetta/Envato

DADOS INTERNACIONAIS DE CATALOGAÇÃO NA PUBLICAÇÃO (CIP)
ANGÉLICA ILACQUA CRB-8/7057

Oliveira, Rubens
Café com Exu / Rubens Oliveira. - São Paulo : Planeta do Brasil, 2025.
240 p.

ISBN 978-85-422-3743-6

1. Desenvolvimento pessoal 2. Literatura devocional I. Título

25-2994 CDD 158.1

Índice para catálogo sistemático:
1. Desenvolvimento pessoal

MISTO
Papel | Apoiando o manejo florestal responsável
FSC® C112738
FSC www.fsc.org

Ao escolher este livro, você está apoiando o manejo responsável das florestas do mundo

2026
Todos os direitos desta edição reservados à
Editora Planeta do Brasil Ltda.
Av. Paulista, 854, 2° andar – Bela Vista
São Paulo – SP – CEP 01310-913
www.planetadelivros.com.br
faleconosco@editoraplaneta.com.br

Dedico este livro primeiro a todos que vieram antes de mim: ao meu avô paterno, Cícero José (*in memoriam*), Babakekerê em uma casa de Candomblé, e à minha avó materna, Esmênia Alexandrino, Yalorixá de uma casa de Xangô, aos meus tios-avôs e tias-avós, lembrados por seus feitos com a cura e os partos. Meus ancestrais, referência e inspiração dentro do axé.

À minha mãe, Elza Esmênia, e ao meu pai, José Cícero, assim como a toda minha família, a quem devo a minha vida.

À Mãe Naya, minha zeladora, líder espiritual à frente do Templo de Unificação Maria do Rosário.

À Andrea Gonçalves, minha esposa e companheira, com quem eu compartilho diariamente todos os meus sonhos.

Ao Theo Gonçalves Oliveira, meu filho, minha razão – tudo o que faço é sempre pensando em você, meu pequeno.

E a todos aqueles que por algum motivo chegaram até esta página comigo, dedico este livro a vocês.

Sumário

CICLO 2

CAMINHANDO COM CONSCIÊNCIA

CICLO 3

FIRMANDO PASSOS E CRIANDO O PRÓPRIO DESTINO

Apresentação

O QUE ME GUIOU ATÉ ESTE MOMENTO

Todo mundo guarda uma lembrança especial da infância. Uma das minhas primeiras se dá em meio a um toque de Exu realizado no terreiro da minha avó. Não sei ao certo qual era a minha idade, mas tenho viva a imagem de minha avó, incorporada, dançando ao som do ponto "Eu destampei, e vou destampar, a panela do besouro mangangá". Essa memória se mistura com outra: lembro-me de ajudar D. 7 Saias, incorporada em minha prima, a arrumar seu vestido e a colocar seus brincos e pulseiras, todas douradas.

Há também uma terceira cena que permanece gravada em minha mente. Estava em cima de um caminhão repleto de pessoas, os Ogãs tocavam seus atabaques, e, em determinado momento, várias pessoas saltaram em meio à mata com grandes bacias de alumínio carregadas de frutas na cabeça, e, quando voltaram, todas estavam vazias. E essa viagem se deu até a praia, onde me recordo de minhas irmãs cuidando de mim para que eu não me jogasse ao mar.

Cada pessoa tem uma história com sua espiritualidade, e a minha se iniciou no quintal da minha avó materna, D. Esmênia Alexandrino dos Santos, ou Dona Nena. Ela, que precisou criar sozinha seus filhos após a morte do marido – dois dos quais diagnosticados muito cedo com esquizofrenia –, encontra no Xangô (religião típica do Nordeste) o caminho para dar sustento à sua casa, mesmo enfrentando críticas severas.

Sinto-me muito feliz e emocionado por poder homenageá-la ainda viva, hoje (em 2025) com seus 86 anos, pois só pude chegar até aqui a partir do seu exemplo; minha história dentro e fora do caminho de orixá só é possível graças a ela.

Esse contato com a espiritualidade desde tão cedo me fez ter muita afinidade e curiosidade pelo tema. Importante dizer que cresci entre os estados de Alagoas e São Paulo, e grande parte da minha infância se deu em São Paulo, distante do terreiro de minha avó. Aos 11 anos, iniciei sozinho a prática e o estudo de temáticas dentro do universo espiritual, como bruxaria, xamanismo, alta magia, magia do caos, entre outras.

Aos 16, ganhei meu primeiro baralho cigano. Eu, que já lia cera de vela em água e runas como oráculo, passei a adotá-lo como meu principal método de adivinhação. Aos 21, de volta a São Paulo, decidi finalmente parar de fugir da Umbanda e do Candomblé e passei a fazer parte de uma casa de axé. Sigo na religião desde então.

Para além da religião e da espiritualidade, nos últimos onze anos tenho me dedicado aos temas desenvolvimento humano, carreira, saúde, bem-estar e felicidade no trabalho. Em 2015, me formei em Gestão de Recursos Humanos pela Universidade Metodista de São Paulo, e em 2020 me tornei discente de Psicologia, concluindo o curso em 2025 pela Universidade Cruzeiro do Sul.

Ao longo de toda essa jornada, foi a espiritualidade que me moldou e me direcionou – em todos os momentos. Nos dias mais difíceis, caminhando na rua, sempre que eu precisava de uma resposta, ao olhar para o chão, me deparava com uma carta de baralho: ao lê-la, compreendia o que queriam me dizer. Hoje tenho um volume equivalente a mais do que um baralho, formado pelas cartas que encontrei.

Em outros momentos, quando não sabia mais o que fazer, achando que tudo daria errado, me deparava com alguma chave, como se fosse um sinal, e dias depois tudo se resolvia de uma forma que eu não havia imaginado. Hoje, tenho um arsenal delas: chaves douradas, prateadas, inteiras, quebradas, novas, velhas, de todos os tamanhos e formatos.

Certa noite sonhei que fazia uma busca incessante por uma chave dourada. Esse sonho durou a noite inteira. No dia seguinte, ao andar na rua, encontrei uma chave igual à do sonho em uma vitrine de uma loja de antiguidades. Lembro que o sentimento que me invadiu foi tão intenso que não tive escolha a não ser entrar na loja e comprá-la.

Foram essas cartas e chaves que me aconselharam, acolheram e tranquilizaram ao longo da minha jornada, como mensagens diretas daqueles – hoje sei – que me guiam.

A proposta deste livro é que ele se torne uma chave em suas mãos, com a qual possa abrir os caminhos para o seu autodesenvolvimento e crescimento pessoal.

Que cada mensagem aqui contida seja uma carta para o aconselhar, acolher e tranquilizar ao longo de sua jornada pessoal.

Você tem um guia em suas mãos, que o coloca como figura central de sua existência, para que seu olhar se volte para si, seus medos, anseios, desejos e expectativas. E essa é uma grande oportunidade para repensar a sua vida. Leia com calma e escute o que Exu tem a te dizer.

Seja bem-vindo!

Axé!

Rubens Oliveira

Prefácio

Laroyê, Exu!
Mojubá!

Oxum abençoe você!

Me chamo Yá Naya, Yalorixá e matriarca. Presido o Templo de Unificação Maria do Rosário desde 2016 e sou uma das idealizadoras do Projeto Samba da Pira, herdeira ancestral do Centro Benedita de Los Anjos, com mais de cinquenta anos de tradição, além de palestrante, capelã e cerimonialista.

Por meio de minha trajetória como assistente social, atuei com êxito no Centro de Referência e Apoio à Vítima (Cravi) e conquistei uma liderança significativa, não apenas na espiritualidade, mas também no compromisso social, na luta pela equidade, igualdade e respeito pelas religiões de matriz africana. Além disso, minha obstinada luta se estende contra toda e qualquer forma de intolerância e discriminação.

Minha atuação no Templo de Unificação Maria do Rosário está comprometida a acolher e auxiliar quem busca suas reconexões espirituais, o conhecimento de si e o equilíbrio em todas as áreas da vida, com todas as divindades que no Templo coexistem. Temos a missão de transformar vidas e dar a elas uma nova oportunidade, uma nova chance, desde que estejam dispostas e abertas a todos os conselhos e exortações necessários, com a prosperidade, a saúde e o crescimento pessoal aliados ao respeito que vai ao encontro do livre-arbítrio de cada filho ou filha.

Com uma caminhada marcada por uma profunda conexão com a ancestralidade, tenho como meu alicerce no Ilê Tobi Asè Molá Afaradá Ògún Toire e minha sábia Mãe Toire, como exemplo de sabedoria e que sustenta seu legado com resistência, fé e amor.

Convido você a abrir o coração para apreciar esta leitura composta de amor, preparo e conhecimento, dando minhas bendições ao trabalho primoroso de meu filho Rubens.

Para a leitura deste livro, aconselho você a se despir de convenções preexistentes, pois conversar com Exu e assentir aos seus conselhos práticos não é uma tarefa fácil, exige disposição, disponibilidade e desejo. A partir disso, tudo pode ser transformado, pois toda mudança positiva vem de dentro para fora.

Para quem não conhece o assunto, esclareço com o coração alegre que iniciaremos esta vivência de sabedoria, comunicação e transformação ao lado de Exu, o orixá mensageiro, aquele que abre os caminhos, que nos guia e que, com sua energia vibrante e incansável, nos ensina a aprender com os desafios, a celebrar as conquistas e a agradecer pelas vitórias.

Exu é o princípio da comunicação, do movimento, do encontro entre os mundos, ele acolhe e ensina.

Ao doar sua sabedoria para este livro, Exu nos impele a celebrar o elo entre o físico e o espiritual, o humano e o divino.

Este livro, *Café com Exu*, é uma oportunidade para todos nós refletirmos sobre as lições que Exu nos oferece todos os dias. Silenciemos nossos corações para ouvir este precioso convite.

Que este livro seja um despertar das forças divinas dentro de cada um de nós e que possamos encontrar, no caminho que Exu nos mostra, a força necessária para sermos transformados, curados e direcionados.

O intuito é que esta obra nos desafie a voltarmos sempre o nosso olhar para nosso interior, para nossa essência, aceitando-nos como somos, sempre respeitando nossas convicções e nossos ideais.

Que as bênçãos de Pai Exu se façam presentes, iluminando nossa jornada e abrindo os caminhos para uma nova e melhor maneira de enxergar o mundo e a vida, que todos os dias se apresentam a nós, a cada amanhecer, com a missão de fazermos sempre o melhor por nós mesmos(as) e por quem vive ao nosso lado!

Com amor e reverência,

Yalorixá Naya

Introdução

COMO COMEÇAR?

Este livro foi concebido como uma ferramenta para que você consiga pensar nas inúmeras possibilidades da vida, refletir sobre suas escolhas e, acima de tudo, reconectar-se com sua essência. Aqui, a espiritualidade te faz um convite para olhar para dentro de si e transformar desafios em oportunidades, sempre guiado pela energia de Exu, o mensageiro e guardião dos caminhos e encruzilhadas.

Nascido a partir de uma sátira, *Café com Exu* rompe a barreira do riso e, como tudo que é concebido na energia desse guardião, foge ao nosso controle e planejamento. Então, para muito além de uma brincadeira, este livro nasce com uma proposta muito séria: não atacar nem separar ninguém, e sim unir, independentemente de sua religião ou caminho espiritual.

E não seria a conexão uma das grandes missões desse ser? Afinal, quem é Exu?

Na cultura iorubá, Exu é um orixá presente no princípio de todas as coisas, o mediador entre os deuses e os seres humanos e o guardião das encruzilhadas, locais simbólicos de decisões e encontros. Ele é o orixá da comunicação, da criatividade e da mudança, capaz de movimentar os fluxos da vida, mantendo a ordem e a desordem simultaneamente.

Essa origem nos leva a um espaço de resistência e liberdade na mitologia afro-brasileira, em que Exu dá nome a uma egrégora composta de seres espirituais complexos e dinâmicos, também representando a comunicação e a transformação incessante entre o mundo espiritual e o mundo material.

Exu é um princípio ativo da vida, afirmando a potência da transformação, da criatividade e da voz daqueles que foram silenciados ao longo da história. Ele encarna a complexidade da existência humana em suas contradições e intensidades, sendo fundamental para a reconquista da autonomia e da identidade cultural dos povos de matriz africana, especialmente do povo negro integrante dessa comunidade.

E por que Exu? Porque, assim como Exu, acredito que o autodesenvolvimento somente é possível a partir do movimento, da transformação e da escolha. Como já dito, Exu é o guardião das encruzilhadas, dos caminhos que se cruzam e das decisões que precisamos tomar ao longo da vida. Ele não representa apenas o caos, mas também o poder da mudança, da criação. Ele nos desafia a sair da inércia, a agir, a refletir, a nos transformar.

O autoconhecimento, assim como a presença desse ser, exige que nos percamos e nos reencontremos, enfrentando nossas próprias encruzilhadas e, muitas vezes, escolhendo o caminho da mudança, da reinvenção. Portanto, *Café com Exu* é um convite para que cada um faça um movimento interno, explore as próprias contradições e se permita, com isso, mudar e crescer.

E fique tranquilo: não quero que ache que Exu vai beber café com você. Em vez disso, imagine aqui um encontro íntimo, como uma boa conversa de café da manhã, em que cada palavra e cada silêncio revelam um mar de possibilidades. Essa é a essência deste livro, que nada mais é do que um espaço de acolhimento onde você pode refletir sobre sua jornada e descobrir que, na vida, não há caminhos certos ou errados, há apenas aprendizados.

Além das mensagens e reflexões, você encontrará em destaque algumas frases escritas pelo Mestre Sr. Tiriri, guardião e mentor do Templo de Unificação Maria do Rosário, por intermédio da Yalorixá Naya.

Se tempo é movimento, tempo é escolha

O tempo não é linha reta, é encruzilhada.

Na vida, tudo tem seu tempo, há hora de andar, de esperar e de mudar de caminho. Muitas vezes, quem não presta atenção no próprio passo acaba se perdendo. Exu ensina que o tempo é ritmo – ora lento, ora rápido, mas sempre contínuo, nunca parado.

A gente se acostumou a seguir um ritmo que não conversa com a natureza, com nossos corpos ou com nosso axé. Mas Exu anda nos caminhos do tempo e nos lembra: tudo tem hora. As luas mudam, as marés sobem e descem, os ciclos começam e terminam. O tempo da natureza está sempre nos ensinando, e, se somos natureza, então o nosso próprio tempo também nos ensina. Mas você está ouvindo?

Não existe um ritmo certo e único para todas as pessoas; é preciso dançar no compasso da própria caminhada. O maior ensinamento é descobrir qual é o seu ritmo.

Pare um momento e ouça o seu corpo, ouça o que o Exu que há em você está dizendo. Descubra o seu ritmo... e seus ciclos.

O TEMPO NÃO
É LINHA RETA,

É ENCRUZILHADA.

É ENCRUZILHADA.

É ENCRUZILHADA.

Pausas e reflexões com propósito

Já percebeu que, quando respiramos, há um instante sutil entre inspirar e expirar? Essa pausa, quase imperceptível, acontece naturalmente e é essencial. Se olharmos atentamente para a vida, veremos que essas pausas fazem parte do fluxo da natureza, tanto dentro quanto fora de nós. Os ciclos da existência contêm momentos de pausa.

Cada novo começo nos convida a um exercício importante: cultivar e dar significado às nossas pausas. Esses momentos são oportunidades para nos conectarmos com o nosso interior, refletirmos sobre o caminho percorrido e estabelecermos propósitos alinhados com o que desejamos construir. Assim como tocamos a terra para sentir se uma planta precisa de água, precisamos olhar para dentro, compreender os processos vividos e reconhecer nossas reais necessidades. Nas próximas páginas, incentivaremos essa prática diária de fazer uma pausa para refletir e reorganizar o que estamos vivendo.

Ao longo do livro, você encontrará espaços para a escrita. Essas lacunas são convites para desacelerar, refletir e estabelecer novas direções, além de celebrar e revisitar o que foi vivido. Permita-se conectar-se consigo mesmo, criar rituais e acompanhar cada etapa do seu processo com atenção e consciência.

O poder da pausa

Observe o presente com abertura, verdade e acolhimento. Como está meu corpo? Minha mente? Minhas emoções? Onde percebo tensão? Onde há fluidez? Como está meu nível de energia? E meu apetite? Como minha pele e meu cabelo refletem meu estado interno? E a natureza ao meu redor, quais alimentos são típicos deste momento do ano? O que está acontecendo no mundo e no meu círculo mais próximo? De que maneira esses fatores me afetam?

Lembre-se de que Exu é vida, e é a partir dela que sua energia se manifestará.

Intenções: o que a pausa me revelou e para onde desejo ir?

O que minha intuição tem me mostrado? O que é realmente essencial neste momento?

O que sinto que está pronto para florescer e precisa ser nutrido?

Como posso completar a frase: "Para este novo ciclo, que eu possa..."?

Caminhos para o autoconhecimento

Explorar a si mesmo é ampliar a percepção sobre quem somos e como interagimos com o mundo. É agir com mais presença, tornando-se um pesquisador dos próprios processos. Criar hábitos como observar com gentileza, registrar com sinceridade e revisitar com interesse nos ajuda a iluminar padrões e fazer escolhas mais alinhadas com nossos propósitos.

1

OBSERVAR

Ao longo do dia, reserve momentos para se perguntar: como estou agora? Sintonize-se com seu corpo e perceba sua respiração, suas tensões e sensações. Observe seus pensamentos: estão voltados para preocupações, memórias ou críticas? Acolha suas emoções, nomeando-as e permitindo que existam sem julgamentos. Imagine sua atenção como uma luz que revela onde e como você está.

2

REGISTRAR

Crie um espaço na sua rotina para escrever sobre suas experiências. Escolha um horário que funcione para você, seja pela manhã ou antes de dormir. Prepare um ambiente acolhedor, com materiais que o inspiram, como cadernos, canetas ou lápis de cor. Faça um balanço do seu dia: ele foi leve? Desafiador? Criativo? Desenvolva perguntas que o ajudem a reconhecer o que merece ser lembrado e registrado. Escolha momentos significativos e escreva ou desenhe sobre eles. O objetivo é expressar com sinceridade e construir um registro para futuras reflexões.

3

REVISITAR

O autoconhecimento se fortalece quando revisitamos nossos registros, buscando compreender padrões e comportamentos. Ao reler suas anotações, observe conexões entre eventos e suas reações. Isso permite acolher desafios, ajustar rotas e definir novas intenções. Revisitar registros de anos anteriores pode trazer uma visão mais ampla e integrada de sua jornada, ajudando você a construir um entendimento mais profundo de si mesmo. Lembre-se: o processo é dinâmico, pessoal e cíclico!

O fluxo deste livro

Se somos orientados por ciclos, faz muito sentido que este livro também o seja. Cada um dos eixos temáticos pelos quais ele está dividido – autoconhecimento, coragem, liberdade, justiça, empoderamento, transformação, responsabilidade, resiliência, relações e espiritualidade – carrega ensinamentos profundos, que, como você vai perceber ao longo da leitura, estão todos entrelaçados.

Sua estrutura está organizada a partir de três grandes ciclos, cada um dos quais desdobrado em fases com temáticas específicas. Dessa forma, temos uma jornada completa capaz de acompanhá-lo ao longo de um ano.

Os temas se aprofundam em mensagens, perguntas e reflexões com o objetivo de cristalizar a memória através da repetição e, assim, dar origem a novos hábitos. Sempre que possível, leia em voz alta e repita para si mesmo o conteúdo da reflexão. Isso contribuirá para a internalização do pensamento.

Como usar este livro

Agora que você já sabe como será a nossa jornada, é importante saber que este livro foi criado para ser uma ferramenta flexível de autoconhecimento e desenvolvimento. Cada um vive um momento de vida – uns estão iniciando ciclos, outros concluindo, enquanto outros se encontram no meio da caminhada –, então não é preciso que todos iniciem a leitura a partir do mesmo ponto. O objetivo é que você seja o dono do seu processo de crescimento e desenvolvimento pessoal.

Agora, vá até a página 120.

▪▪▪▪

Você pode iniciar a leitura por qualquer um dos ciclos descritos, conforme seu momento e necessidade. Fique tranquilo: você jamais estará sozinho.

Leia a descrição de cada ciclo para entender melhor os temas e, assim, decidir qual deles ressoa mais com você no momento atual.

Além disso, os espaços para anotações e reflexões pessoais são um incentivo para que você registre suas descobertas e sentimentos ao longo da jornada. Essa flexibilidade permite que retorne aos conteúdos sempre que precisar, pois este é um processo contínuo.

Lembre-se: não há uma ordem correta – cada ciclo é válido por si só e, independentemente da sequência, eles são complementares.

A gente se encontra na próxima encruzilhada. Boa caminhada!

“

HOJE, A PRINCIPAL ARMA PARA VENCER OS OBSTÁCULOS DA VIDA É A VERDADE E A SIMPLICIDADE.*

”

* Por Mestre Sr. Tiriri.

CICLO 1

ABRINDO OS CAMINHOS

"Antes de seguir, é preciso saber para onde ir."

O primeiro passo de qualquer jornada é reconhecer que há múltiplos caminhos e que cada escolha carrega consequências. Nesta trajetória, você terá orientações que o ajudarão a refletir sobre suas decisões, sua forma de se comunicar com o mundo e aquilo que pode estar travando a sua caminhada.

Exu ensina que toda escolha é uma encruzilhada e que não existem passos necessariamente certos ou errados – há apenas direções e aprendizados. Será que você está realmente escolhendo ou apenas deixando que escolham por você?

Encruzilhadas e escolhas

Tudo é caminho

DIA: ____ / ____ / ____

1 Cada passo é uma revelação

O caminho se constrói a cada escolha, mesmo quando o destino parece incerto. Exu nos lembra que cada movimento é uma oportunidade de aprender e transformar. Nada é fixo e cada passo abre novas possibilidades.

REFLEXÃO

Qual passo você pode dar hoje para transformar seu caminho?

DIA: ____ / ____ / ____

2 A jornada é feita de pequenas estradas

Cada detalhe do percurso revela um fragmento de sabedoria. Em cada esquina, um novo aprendizado se mostra, desafiando a ideia de um caminho único e predeterminado. Este é um convite para valorizar cada etapa da caminhada.

REFLEXÃO

Como você pode honrar cada pequeno passo dado?

DIA: ____ / ____ / ____

3 | O percurso é a essência da transformação

Não espere um destino fixo para sentir a realização. Cada movimento, desvio ou acerto compõe sua verdadeira jornada. O valor está no percurso, não apenas na chegada.

REFLEXÃO

Qual aprendizado o caminho vivido até aqui trouxe para você?

REFLEXÃO

Você consegue ver as novas possibilidades em cada rota que escolhe?

DIA: ____ / ____ / ____

Cada rota é um universo de possibilidades | 4

DIA: ____ / ____ / ____

5 | O caminho se revela com cada decisão

Cada decisão, por menor que seja, traça um percurso em sua história. A espiritualidade nos guia e nos faz entender que o caminho se revela assim que escolhemos avançar.

REFLEXÃO

Quais decisões recentes revelaram novos caminhos e possibilidades para você?

DIA: ____ / ____ / ____

6 | Todo percurso tem sua própria sabedoria

Mesmo os caminhos mais simples carregam segredos profundos e lições valiosas.

REFLEXÃO

Que lição você extraiu do seu percurso hoje?

CADA ROTA É
UM UNIVERSO DE
POSSIBILIDADES.

DIA: ____ / ____ / ____

7 | Caminhos se constroem com coragem

O destino não é uma linha traçada, mas uma construção feita de coragem e intenção.

REFLEXÃO

Qual ato de coragem tem transformado seu caminho?

DIA: ____ / ____ / ____

8 | Cada trilha é uma oportunidade de renascimento

Ao abraçar o caminho que se apresenta, você se permite renascer a cada passo e compreender que até os percursos difíceis trazem a chance de recomeçar e evoluir.

REFLEXÃO

Como você pode renascer diante dos seus desafios de hoje?

DIA: ____ / ____ / ____

9 | O caminho é uma dança com a vida

Quando você se entrega ao fluxo, cada passo se torna uma coreografia única de experiências e descobertas. Viver é dançar com o destino sem temer a mudança.

REFLEXÃO

Você está disponível para se entregar à dança da vida?

DIA: ____ / ____ / ____

10 | Cada trilha tem seu próprio encanto

Não existe caminho comum; cada trilha carrega uma magia singular. Exu nos convida a apreciar cada detalhe.

REFLEXÃO

Qual encanto você descobriu no caminho que trilha hoje?

O poder da intenção

DIA: ___ / ___ / ___

1 **A intenção ilumina o caminho**

Quando sua intenção é nítida, o universo conspira para que seu percurso se transforme. A energia da intenção é capaz de mover montanhas e abrir portas para o novo.

REFLEXÃO

Qual é a intenção que guia seus passos hoje?

DIA: ___ / ___ / ___

2 **Sua intenção é o farol que direciona sua jornada, diminuindo as sombras do caminho**

Exu mostra que agir com propósito transforma desafios em oportunidades.

REFLEXÃO

De que forma sua intenção molda as experiências do seu dia?

DIA: ____ / ____ / ____

3 **A intenção é a semente da mudança**

Cada pensamento e desejo plantados com clareza germinam em transformações significativas. Exu nos lembra que uma intenção bem direcionada é o primeiro passo para a mudança.

REFLEXÃO

Quais sementes de mudança você plantou hoje?

DIA: ____ / ____ / ____

4 **A força do querer é a chave para superar obstáculos e alcançar novos horizontes**

Quando você direciona sua energia com intenção, fortalece seu ser interior. Exu ensina que a força da intenção é a chave para superar obstáculos e alcançar novos horizontes.

REFLEXÃO

Você sente a força da sua intenção nos momentos de desafio?

DIA: ____ / ____ / ____

5 | A intenção transforma medo em coragem

O poder da intenção reside em converter inseguranças em ações corajosas. Olhe além do medo e aja com convicção, moldando o seu destino.

DIA: ____ / ____ / ____

6 | A intenção é energia que se manifesta

A intenção é a força vital que impulsiona cada ato de transformação. Ao se alinhar com sua verdadeira vontade, o universo responde de maneira surpreendente.

REFLEXÃO

Você está canalizando sua energia para criar mudanças positivas?

DIA: ____ / ____ / ____

7 **Com um foco bem definido até os caminhos mais obscuros se iluminam**

Exu mostra que a clareza mental e emocional desvenda oportunidades antes invisíveis.

REFLEXÃO

Sua intenção hoje revela os caminhos para novas possibilidades?

DIA: ____ / ____ / ____

8 **Intenção é fé em ação**

Ao definir o que você quer, você se compromete a transformar o seu mundo. Lembre-se: quem tem fé e acredita na própria mudança abre caminho para a evolução.

REFLEXÃO

Qual ato de fé na sua intenção pode transformar seu destino agora?

DIA: ____ / ____ / ____

9 | **Toda criação começa pelo desejo profundo de mudança**

Inicie cada jornada com a convicção de que pode moldar o futuro.

REFLEXÃO

Qual criação você está iniciando com sua intenção hoje?

DIA: ____ / ____ / ____

10 | **A intenção é a bússola do coração**

Quando você se guia pela intenção, o coração encontra o caminho correto, mesmo diante das incertezas. Exu mostra que a direção verdadeira vem de dentro.

REFLEXÃO

Seu coração está apontando a direção que você deseja seguir?

Nem toda porta aberta é para você

DIA: ___ / ___ / ___

1 **Nem toda porta aberta conduz ao seu destino**

Oportunidades surgem, mas nem todas estão alinhadas com a nossa essência. Exu nos lembra que discernir é essencial para seguir o caminho que verdadeiramente nos pertence.

REFLEXÃO

Como você identifica as portas que realmente se abrem para o seu destino?

DIA: ___ / ___ / ___

2 **Cada porta aberta carrega sua própria lição**

Nem toda porta aberta é benéfica; algumas escondem desafios. Exu ensina que até mesmo as portas que não se destinam a nós trazem ensinamentos valiosos, se soubermos olhar com atenção.

REFLEXÃO

Que lição você aprendeu com uma porta que, ao se abrir, não dava para o seu caminho?

DIA: ___ / ___ / ___

3 **O discernimento é a chave para as portas certas**

Entre inúmeras aberturas, a verdadeira sabedoria revela quais portas devem ser atravessadas. Confie na intuição para escolher o caminho que fala com a sua alma.

REFLEXÃO

Você confia em sua intuição para decidir quais portas abrir?

DIA: ___ / ___ / ___

4 **Nem toda oportunidade é uma estrada para a evolução**

Cada porta aberta traz chances, mas também riscos de desvio. Reconhecer o que não nos serve é tão importante quanto abraçar o que nos impulsiona.

REFLEXÃO

Qual oportunidade recente não estava em harmonia com seu verdadeiro caminho?

REFLEXÃO

Como você diferenciou uma distração de uma oportunidade real em sua vida?

DIA: ___ / ___ / ___

5 Algumas portas se abrem para mostrar o que não é para você

DIA: ___ / ___ / ___

6 A sabedoria está em escolher com o coração

Nem toda porta que surge merece ser aberta. Exu revela que a sabedoria reside em escolher com o coração, reconhecendo o que contribui verdadeiramente para a nossa evolução.

REFLEXÃO

Você ouve a voz do seu coração na hora de escolher por qual porta passar?

ALGUMAS
PORTAS SE
ABREM PARA
MOSTRAR O
QUE NÃO É
PARA VOCÊ.

DIA: ___ / ___ / ___

7 | Algumas portas são avisos, e não convites

Às vezes, uma porta aberta serve como alerta para redirecionarmos os nossos passos. Exu ensina que reconhecer o falso convite é parte do caminho do autoconhecimento.

REFLEXÃO

Quais sinais você observa para distinguir um convite verdadeiro de um desvio?

DIA: ___ / ___ / ___

8 | Cada porta aberta revela algo sobre você

Mesmo quando a oportunidade não é para nós, ela reflete aspectos do nosso ser que precisam de atenção. Cada porta traz um espelho para a alma.

REFLEXÃO

O que uma porta que se abriu recentemente revelou sobre sua trajetória interior?

DIA: ___ / ___ / ___

9 | O alinhamento é o filtro das portas certas

Quando suas escolhas estão alinhadas com sua essência, a porta certa se destaca entre muitas. Entenda: o alinhamento interior é o melhor filtro para reconhecer oportunidades genuínas.

REFLEXÃO

Seu caminho está alinhado com as oportunidades que realmente importam para você?

DIA: ___ / ___ / ___

Nem toda porta aberta é um sinal para prosseguir | 10

A vida apresenta múltiplas aberturas, mas apenas algumas indicam que é hora de avançar. Exu convida a discernir entre o chamado verdadeiro e as distrações do caminho.

O movimento e a troca

O que você dá ao mundo?

DIA: ____ / ____ / ____

1 **Seu presente ao mundo é uma semente**

Cada gesto de amor e cuidado que você oferece floresce de maneiras inesperadas. Exu ensina que quem doa pode viver uma transformação assim como quem recebe a doação.

REFLEXÃO

Que semente você está plantando hoje em sua jornada?

DIA: ____ / ____ / ____

O que você oferece ressoa no universo 2

A energia que você compartilha ecoa muito além do que os olhos podem ver. Atos de generosidade criam ondas de transformação e possibilidades.

DIA: ____ / ____ / ____

3 | A troca é a essência do movimento

Ao oferecer o seu melhor, você abre caminhos para a reciprocidade. A verdadeira troca ocorre quando ambos os lados se transformam no encontro.

REFLEXÃO

Como suas ações têm contribuído para uma troca mais autêntica em suas relações?

DIA: ____ / ____ / ____

Cada oferta é um ato de coragem | 4

Doar sem esperar retorno exige bravura e fé. Abra o coração e acredite que o que damos retorna multiplicado.

DIA: ____ / ____ / ____

5 | O que você dá transforma o ambiente

Ao compartilhar sua luz, você ilumina os caminhos de outros que estão na escuridão. Exu aponta que cada gesto, por menor que pareça, tem o poder de transformar a realidade.

REFLEXÃO

De que forma sua contribuição tem moldado o ambiente ao seu redor?

____

____

____

____

____

____

____

____

____

REFLEXÃO

Você está expressando sua verdadeira essência em suas ofertas ao mundo?

____

____

____

____

____

____

____

____

____

DIA: ____ / ____ / ____

Sua oferta é um reflexo de quem você é | 6

DIA: ___ / ___ / ___

7

Cada ato generoso é um gesto de revolução

Pequenos gestos de generosidade podem criar mudanças revolucionárias. Exu ensina que, ao dar o melhor de si, você integra um movimento maior de transformação.

REFLEXÃO

Como suas ações diárias têm contribuído para uma revolução interior e coletiva?

DIA: ___ / ___ / ___

8

O que você oferece semeia o futuro

Cada contribuição é um investimento no amanhã, construindo pontes para um futuro mais iluminado.

SUA OFERTA
É UM REFLEXO
DE QUEM
VOCÊ É.

DIA: ____ / ____ / ____

9 **A generosidade é a força que move mundos**

A energia da generosidade transcende barreiras e transforma realidades. Ao oferecer seu melhor, você se torna a força geradora de mudanças significativas.

REFLEXÃO

Você se sente parte dessa força transformadora em sua vida?

DIA: ____ / ____ / ____

Doar é um ato de amor em movimento 10

Cada vez que você se entrega ao ato de doar, seu coração se abre para novas possibilidades. Exu lembra que o amor, quando compartilhado, cria caminhos que unem e transformam.

Palavras também são caminhos

DIA: ____ / ____ / ____

1 | Cada palavra constrói pontes

Ao falar, você tem o poder de unir corações e criar laços invisíveis. Exu ensina que a escolha de cada palavra pode abrir caminhos de entendimento e empatia.

REFLEXÃO

Como suas palavras têm construído pontes em sua jornada?

DIA: ____ / ____ / ____

2 | As palavras traçam o mapa da alma

Cada frase que você profere é um traço no mapa de sua existência. As palavras transformam pensamentos em ações e sonhos em realidade.

REFLEXÃO

Qual palavra tem guiado o seu mapa interior recentemente?

DIA: ____ / ____ / ____

Cada diálogo é uma oportunidade de conexão profunda | 3

Quando você se expressa com autenticidade, suas palavras dançam entre os sentimentos, criando uma harmonia que toca os outros.

DIA: ____ / ____ / ____

4 | Palavras são sementes de transformação

Ao proferir palavras conscientes, você planta sementes que florescem em mudanças. Exu ensina que a intenção por trás da fala transforma o ambiente ao seu redor.

REFLEXÃO

Que sementes você tem plantado com suas palavras hoje?

DIA: ___ / ___ / ___

A comunicação é um portal para a mudança | 5

Cada conversa abre um novo espaço para a transformação pessoal e coletiva. Exu mostra que, ao se expressar com nitidez, você convida o novo a se manifestar.

DIA: ___ / ___ / ___

6 | A voz é o eco de sua essência

Quando você fala, sua voz carrega a marca da sua verdade interior. Ter autenticidade na comunicação é se permitir ressoar com a própria essência.

REFLEXÃO

Sua voz tem ecoado sua verdadeira essência?

DIA: ___ / ___ / ___

7

Cada diálogo revela um novo caminho

REFLEXÃO

Que novo caminho surgiu a partir de uma conversa significativa em sua vida?

DIA: ___ / ___ / ___

8

As palavras podem acalmar tempestades

Em meio ao caos, uma palavra sábia pode trazer calma e transparência. Lembre-se de que a escolha certa de palavras é capaz de transformar o tumulto em serenidade.

REFLEXÃO

Qual palavra tem sido o seu refúgio em tempos de tempestade?

DIA: ___ / ___ / ___

9 | Cada frase é um convite à reflexão

Ao expressar suas ideias, você convida outros a refletirem sobre o próprio caminho. Cada palavra pode servir de espelho para revelar verdades internas.

DIA: ___ / ___ / ___

10 | A comunicação consciente abre portas internas

Quando você fala com intenção e cuidado, um universo de possibilidades se abre dentro de você e dos outros. Exu mostra que a transparência na comunicação é o primeiro passo para a transformação interior.

REFLEXÃO

Você tem se comunicado de forma consciente e intencional em sua jornada?

CADA DIÁLOGO REVELA UM NOVO CAMINHO.

Quem não se movimenta enferruja

DIA: ____ / ____ / ____

1 | O movimento é a vida em ação

Estar em movimento é renovar a energia e evitar a estagnação. Exu ensina que cada passo ativo é um convite para a evolução pessoal e a descoberta de novos horizontes.

REFLEXÃO

Qual movimento você pode iniciar hoje?

DIA: ____ / ____ / ____

2 | A inércia é o silêncio da alma

Quando você para, a alma perde seu ritmo e a vida se torna uma dança sem compasso. Perceba que a estagnação impede o florescimento das potencialidades internas.

REFLEXÃO

Você tem sentido a inércia em algum aspecto da sua vida? Como reativar seu movimento?

DIA: ____ / ____ / ____

3 Cada passo é um resgate da vitalidade

Movimentar-se é resgatar a energia que pulsa dentro de você. A ação é a essência da renovação e do autoconhecimento.

DIA: ____ / ____ / ____

4 O movimento quebra as correntes da estagnação

Cada ação corajosa desfaz as amarras que o prendem à rotina. O movimento constante é o antídoto contra a ferrugem do tempo.

REFLEXÃO

Como você pode quebrar as correntes que limitam seu crescimento hoje?

DIA: ___ / ___ / ___

5 Mover-se é abraçar a transformação

Ao se colocar em movimento, você convida a mudança a fazer parte de sua jornada. Exu ensina que a ação consciente transforma o potencial em realidade.

DIA: ___ / ___ / ___

6 Cada movimento é uma dança com o destino

A vida é um baile constante em que cada passo revela um novo ritmo e oportunidade.

REFLEXÃO

Você está disponível para dançar ao ritmo da sua vida?

DIA: ____ / ____ / ____

7 | O movimento é a arte da reinvenção

Quando você se movimenta, tem a chance de se reinventar a cada novo passo. Exu ensina que a ação é o pincel que pinta as cores de uma nova existência.

REFLEXÃO

Como você pode se reinventar através do movimento hoje?

DIA: ____ / ____ / ____

A ação é a prova da sua vitalidade | 8

Cada gesto ativo revela que a vida pulsa dentro de você. Exu convida a celebrar a energia que impulsiona sua busca sempre por mais.

DIA: ___ / ___ / ___

9 | **Cada passo ativo é um renascer diário**

Mudar o compasso do seu caminhar é renovar a vida a cada instante. Exu mostra que o movimento diário é um ritual de renascimento e autodescoberta.

REFLEXÃO

Você se permite renascer a cada novo passo que dá?

DIA: ___ / ___ / ___

10 | **O movimento desperta sonhos**

Ao nos movimentarmos, despertamos sonhos que estavam guardados no silêncio da inércia.

REFLEXÃO

Quais sonhos você deseja reavivar com um simples movimento hoje?

O que o prende?

DIA: ___ / ___ / ___

1 | **Identificar as amarras é o primeiro passo**

O que o prende muitas vezes é uma ilusão de segurança que impede seu avanço. Exu ensina que reconhecer essas correntes é o início da libertação e do crescimento.

REFLEXÃO

Quais amarras você vai romper hoje?

DIA: ___ / ___ / ___

2 | **O peso do passado pode prender o futuro**

Velhas dores e medos se tornam correntes que limitam sua jornada. Lembre-se de que a verdadeira liberdade começa ao soltar o que não nos serve mais.

REFLEXÃO

Que peso do passado você pode deixar para trás agora?

AO NOS
MOVIMENTARMOS,
DESPERTAMOS
SONHOS QUE
ESTAVAM
GUARDADOS
NO SILÊNCIO
DA INÉRCIA.

DIA: ____ / ____ / ____

3 | Descobrir o que o prende é um ato de coragem

Encarar suas próprias limitações é o caminho para a transformação. O autoconhecimento é a chave para romper as barreiras que nos seguram.

DIA: ____ / ____ / ____

4 | Explorar o que o imobiliza revela os medos que o mantêm preso

Enfrentar essas sombras é essencial para se libertar.

REFLEXÃO

De que forma seus medos internos influenciam sua jornada hoje?

DIA: ____ / ____ / ____

5 | Medos também levam a algum lugar

Até aquilo que o prende pode ser transformado em lição e força. Exu ensina que, ao compreender suas limitações, você encontra o caminho para transcender.

REFLEXÃO

Como transformar essas amarras em degraus para o crescimento?

____
____
____
____
____
____
____
____
____

DIA: ____ / ____ / ____

6 | Você começa a se libertar ao reconhecer suas amarras

O primeiro passo para a liberdade é a consciência do que impede seu avanço. Exu o guia a olhar para dentro e identificar o que precisa ser solto.

REFLEXÃO

Você está disposto a olhar para dentro e reconhecer o que o prende?

____
____
____
____
____
____
____
____
____

DIA: ____ / ____ / ____

7 | Correntes invisíveis podem ser rompidas

O que o prende nem sempre é visível, mas seu impacto é real. A percepção e a coragem são ferramentas poderosas para quebrar barreiras.

REFLEXÃO

Que ferramenta você pode usar hoje para romper uma corrente invisível em sua vida?

DIA: ____ / ____ / ____

Cada amarra solta é um passo para a liberdade | 8

DIA: ____ / ____ / ____

9 | O que o prende não define quem você é

As amarras do passado não determinam seu futuro. Nós temos a capacidade de nos libertar e reescrever nossa trajetória.

REFLEXÃO

De que forma você pode reescrever sua história rompendo as amarras que te prendem?

____

____

____

____

____

____

____

____

DIA: ____ / ____ / ____

10 | Aceitar suas limitações abre o caminho para a cura e a transformação

Exu inspira a tratar as fragilidades com amor e coragem.

REFLEXÃO

Você tem praticado a autocompaixão?

____

____

____

____

____

____

____

____

____

Deixar ir também é abrir caminho

DIA: ____ / ____ / ____

1 **Soltar é dar espaço para o novo**

Ao deixar ir o que pesa, você abre caminho para a renovação. Exu ensina que o desapego é um ato de coragem que transforma a jornada.

REFLEXÃO

Que parte do seu fardo você pode soltar hoje para dar espaço ao novo?

DIA: ____ / ____ / ____

2 **Desapegar é um gesto de liberdade**

Deixar ir não significa perder, e sim ganhar espaço para o crescimento. O desapego é o primeiro passo para um caminho mais leve e verdadeiro.

DIA: ____ / ____ / ____

3 | Ao soltar, você se reencontra

Deixar ir o que não serve é redescobrir sua essência. A libertação vem quando permitimos que o novo entre em nossa vida.

REFLEXÃO

O que você está disposto a soltar para se reencontrar com sua essência?

DIA: ____ / ____ / ____

4 | Cada adeus é um convite para um novo começo

A despedida do que já foi abre espaço para a construção do novo. Exu mostra que em cada adeus há a promessa de um recomeço vibrante.

REFLEXÃO

Que novo começo pode surgir ao se despedir do velho?

DIA: ____ / ____ / ____

5 | **Soltar é um ato de amor-próprio**

Ao deixar ir o que nos limita, honramos a nós mesmos e nos permitimos crescer. O verdadeiro amor começa quando você se liberta do que não serve.

REFLEXÃO

De que forma o desapego tem fortalecido seu amor-próprio?

DIA: ____ / ____ / ____

Quando nos desprendemos do excesso, encontramos clareza para enxergar o que realmente importa | 6

Exu revela que o silêncio do desapego é repleto de sabedoria.

DIA: ____ / ____ / ____

7 | O ato de soltar é um convite à transformação

Ao abrir mão do que já cumpriu seu papel, você se permite evoluir. O desapego catalisa novas experiências e aprendizados.

REFLEXÃO

Como o desapego pode catalisar sua transformação hoje?

DIA: ____ / ____ / ____

8 | Desapegar é abraçar a fluidez da vida

A vida é um constante fluir, e soltar é se adaptar a essa dança. Aprenda que, ao se desprender, você se torna mais leve e receptivo às mudanças.

REFLEXÃO

Você está pronto para abraçar a fluidez que o desapego traz à sua jornada?

DIA: ___ / ___ / ___

9 **Cada soltura é uma semente para o renascimento**

Ao deixar ir, semeamos a possibilidade de um novo florescer. O renascimento começa quando nos libertamos do peso do passado.

REFLEXÃO

Que semente de renascimento você deseja plantar ao se desprender hoje?

REFLEXÃO

Qual parte do seu caminho precisa ser renovada ao deixar ir o que já não serve?

DIA: ___ / ___ / ___

Soltar é reconhecer que o caminho precisa se renovar 10

Entre o velho e o novo, onde você está?

DIA: ____ / ____ / ____

1 **O presente é o encontro do velho com o novo**

Entre aquilo que passou e o que está por vir, o agora é onde reside sua verdadeira transformação. Exu ensina que viver o presente é abraçar todas as dimensões do tempo.

REFLEXÃO

Você está vivendo plenamente o encontro entre o velho e o novo?

DIA: ____ / ____ / ____

No entrelace do tempo, você se encontra 2

O espaço entre o passado e o futuro é o terreno fértil para sua evolução. É nesse intervalo que reconstruímos nossa essência.

DIA: ____ / ____ / ____

3 | **O agora é a ponte entre o que foi e o que será**

A verdadeira transformação acontece no presente.

REFLEXÃO

Você tem valorizado o poder do agora como a ponte para seu futuro?

REFLEXÃO

Que passos você consegue dar para integrar as lições do antigo com as possibilidades do novo?

DIA: ____ / ____ / ____

Entre o antigo e o emergente, construa seu caminho | 4

DIA: ____ / ____ / ____

5 | O equilíbrio está em reconhecer ambas as faces do tempo

Aceitar o que foi e abraçar o que virá é um ato de sabedoria. Exu ensina que, ao equilibrar o antigo com o novo, você se torna inteiro.

REFLEXÃO

Você tem conseguido equilibrar as experiências do passado com as promessas do futuro?

DIA: ____ / ____ / ____

Entre o velho e o novo, há espaço para a criação | 6

A lição está neste espaço no qual temos a chance de reinventar a nossa história.

ENTRE O
ANTIGO E O
EMERGENTE,
CONSTRUA
SEU CAMINHO.

DIA: ____ / ____ / ____

7 **Viver é navegar entre memórias e sonhos, encontrando sentido a cada passo**

Essa dança temporal torna a vida rica e singular.

REFLEXÃO

Como você tem integrado suas memórias e sonhos à sua jornada diária?

DIA: ____ / ____ / ____

Cada batida do coração ecoa a mistura do velho e do novo 8

A melodia da vida é escrita no equilíbrio entre experiências passadas e esperanças futuras.

DIA: ____ / ____ / ____

9

Entre o que se foi e o que vem, você tem o poder de escolher

O entrelaçar dos tempos oferece a oportunidade de selecionar o que nutrirá a sua evolução. As escolhas conscientes constroem pontes para um futuro iluminado.

REFLEXÃO

Qual escolha você pode fazer hoje para integrar o melhor do passado com o que ainda virá?

DIA: ____ / ____ / ____

10

O agora é o lar onde o passado encontra o futuro

Neste exato instante, suas experiências passadas se unem às possibilidades do futuro, formando um lar de aprendizado e crescimento. Exu revela que o presente é a verdadeira morada da transformação.

Comunicação e escuta

A palavra como instrumento de poder

DIA: ____ / ____ / ____

1 | Falar pode ser simples, mas ouvir é uma arte

Enquanto as palavras se formam facilmente, a verdadeira sabedoria reside na capacidade de escutar. Exu ensina que a escuta profunda abre portas para compreensões que a fala não alcança.

REFLEXÃO

Você tem dedicado tempo para ouvir verdadeiramente os outros?

DIA: ____ / ____ / ____

2 | A fala é um reflexo; a escuta é a chave do entendimento

As palavras que proferimos são apenas uma parte da comunicação; o silêncio atento revela o que realmente importa. Ouvir com o coração transforma diálogos em conexões profundas.

REFLEXÃO

Como você pode melhorar sua habilidade de escutar com o coração hoje?

DIA: ____ / ____ / ____

3 | Ouvir é mergulhar no oceano das emoções

Quando você se permite ouvir sem julgar, descobre um mundo de sentimentos e saberes que vão além das palavras. O verdadeiro entendimento surge do silêncio compartilhado.

REFLEXÃO

Qual emoção você tem deixado de ouvir em suas relações?

DIA: ____ / ____ / ____

4 | No silêncio da escuta, encontramos respostas

A profundidade do ouvir vai além do som; ela abre espaço para a compreensão dos não ditos. O silêncio atento é a porta para a verdadeira conexão.

REFLEXÃO

Você tem prestado atenção ao que não é dito nas conversas do seu dia a dia?

DIA: ____ / ____ / ____

5 | Ouvir exige coragem e entrega

Falar é um ato de expressão, mas ouvir requer abrir o coração para receber o outro. Exu ensina que a escuta ativa é um gesto de amor e respeito pela vida.

REFLEXÃO

Qual foi a última vez que você se permitiu ouvir com total entrega?

DIA: ____ / ____ / ____

6 | A profundidade da escuta transforma a realidade

Quando você se dedica a ouvir com atenção, cada palavra se torna um portal para novos entendimentos. A escuta consciente tem o poder de transformar relações.

REFLEXÃO

Como a prática de ouvir pode transformar suas conexões pessoais?

DIA: ____ / ____ / ____

Ouvir é a ponte entre a alma e o mundo 7

Cada vez que você escuta com o coração, estabelece uma conexão verdadeira com o outro. Essa ponte é fundamental para construir relações significativas.

DIA: ____ / ____ / ____

8 Entre a fala e o silêncio, a escuta é o elo perdido

Muitas vezes, o que realmente importa fica no espaço silencioso entre as palavras. Lembre-se de que a escuta atenta é o que une as experiências e transforma o diálogo em aprendizado.

REFLEXÃO

Qual elo você pode fortalecer hoje entre o que é dito e o que é sentido?

DIA: ____ / ____ / ____

9 | A arte de ouvir supera a facilidade de falar

Em um mundo em que as palavras são abundantes, a verdadeira raridade está em ouvir com atenção e empatia. Essa é a arte essencial para a evolução pessoal.

REFLEXÃO

Você tem praticado a arte de ouvir mais do que o falar?

DIA: ____ / ____ / ____

10 | Ouvir com atenção é um ato de amor

O amor se manifesta na capacidade de acolher o silêncio e a voz alheia.

REFLEXÃO

Como você pode expressar mais amor através da sua habilidade de ouvir?

Mover e manifestar: os verbos de Exu

DIA: ____ / ____ / ____

1 | **Sua expressão é a manifestação da sua essência**

Quando você se expressa com autenticidade, cada palavra se transforma em um ato criativo. Exu ensina que a maneira como nos comunicamos reflete nossa verdade interior.

REFLEXÃO

Sua expressão verbal e corporal está alinhada com quem você realmente é?

DIA: ____ / ____ / ____

2 | **A energia de Exu se revela na ação e na expressão**

Ao se comunicar com intensidade e autenticidade, você transforma o ambiente e convida o novo a surgir.

REFLEXÃO

De que forma sua expressão tem sido um movimento transformador em sua vida?

DIA: ____ / ____ / ____

3 | **A autenticidade na fala é um manifesto de liberdade**

Ao se expressar com sinceridade, você se liberta das amarras do convencional. Cada palavra genuína é um passo rumo à liberdade de ser.

REFLEXÃO

Você tem se permitido expressar sua verdade sem medo de julgamentos?

DIA: ____ / ____ / ____

4 | **Cada gesto e palavra carregam a força de Exu**

Sua maneira de se comunicar reflete a energia que habita em você. A expressão verdadeira revela a profundidade do seu ser.

REFLEXÃO

Qual gesto ou palavra sua tem carregado a força da sua essência ultimamente?

DIA: ____ / ____ / ____

5 **Expressar-se é criar caminhos onde antes havia barreiras**

Ao comunicar sua verdade, você abre trilhas antes bloqueadas. Exu nos inspira a transformar a maneira como nos expressamos, fazendo da palavra um veículo de mudança.

REFLEXÃO

Como sua expressão tem contribuído para derrubar barreiras em sua jornada?

DIA: ____ / ____ / ____

6 **A linguagem do corpo também é a linguagem da alma**

Cada movimento, cada gesto, fala sobre quem você é. É preciso saber que se expressar vai além das palavras e inclui a dança natural do seu ser.

REFLEXÃO

Você está se comunicando com o corpo e o coração de forma harmoniosa?

DIA: ___ / ___ / ___

7 | Sua expressão é um convite para a transformação

Quando você se manifesta de forma autêntica, inspira outros a fazerem o mesmo. Exu ensina que a expressão verdadeira cria um círculo de mudanças que se expande.

REFLEXÃO

Que convite você está fazendo ao mundo através da sua expressão?

REFLEXÃO

Sua comunicação tem sido um reflexo fiel do que você sente e vive?

DIA: ___ / ___ / ___

A ação comunicativa é a voz do seu interior | 8

DIA: ____ / ____ / ____

9 | Cada expressão autêntica cria novos caminhos

Quando nossas palavras e gestos saem do coração, a energia se converte em força transformadora.

REFLEXÃO

De que forma você tem transformado sua energia interna em ações externas?

DIA: ____ / ____ / ____

10 | Exu é verbo: manifeste sua verdade com ousadia

Não se limite ao silêncio quando seu interior clama por se expressar. Exu nos inspira a usar cada palavra e gesto como um ato de coragem e revelação da sua essência.

REFLEXÃO

Você está disposto a manifestar sua verdade com toda a ousadia que ela merece?

A AÇÃO COMUNICATIVA É A VOZ DO SEU INTERIOR.

O silêncio também comunica

DIA: ____ / ____ / ____

1 | O silêncio é um grito de sabedoria

No espaço entre as palavras, o silêncio se torna a voz que revela a essência das coisas. Exu ensina que o silêncio atento comunica verdades que o som não alcança.

REFLEXÃO

Você tem permitido que o silêncio fale com você?

DIA: ____ / ____ / ____

2 | No silêncio, a alma encontra a paz

Ao silenciar a mente, você se conecta com a essência do ser.

REFLEXÃO

Qual mensagem sua alma tem recebido através do silêncio?

DIA: ____ / ____ / ____

3 | Quando você se permite momentos de quietude, encontra respostas que as palavras não podem oferecer

A lição está no silêncio, ele é a base para a verdadeira transformação.

REFLEXÃO

Você tem cultivado momentos de silêncio para refletir sobre sua jornada?

DIA: ____ / ____ / ____

4 | Entre as notas do silêncio ressoa a verdade

O silêncio carrega uma melodia própria, revelando nuances que a fala não consegue expressar. O convite é ouvir o que o silêncio tem a ensinar.

REFLEXÃO

Qual verdade tem se revelado para você no compasso do silêncio?

DIA: ____ / ____ / ____

5 | Sem o ruído das palavras, a essência se destaca e se mostra em sua forma mais pura

Exu ensina que o silêncio é um portal para a autenticidade e a clareza interior.

REFLEXÃO

Como o silêncio tem ajudado você a descobrir sua essência?

DIA: ____ / ____ / ____

6 | Mesmo sem palavras, as emoções encontram forma e se comunicam

Não se esqueça de que o silêncio pode ser tão eloquente quanto a fala mais elaborada.

REFLEXÃO

Que sentimento seu silêncio tem expressado hoje?

DIA: ___ / ___ / ___

7 O silêncio convida à escuta interior

Ao calar o barulho do mundo, você se abre para a voz que vem de dentro. A escuta interior é o caminho para a verdadeira compreensão.

DIA: ___ / ___ / ___

8 O poder do silêncio transforma o ordinário em extraordinário

Quando você se permite a quietude, descobre um universo repleto de significados escondidos. Exu revela que o silêncio é terreno fértil para a criatividade e a sabedoria.

REFLEXÃO

Qual extraordinário tem surgido no seu mundo através do silêncio?

DIA: ____ / ____ / ____

9 | **O silêncio é o eco da sua verdade interna**

Cada pausa e cada ausência de som trazem à tona a profundidade do seu ser. Trata-se de uma poderosa forma de comunicar o que realmente importa.

REFLEXÃO

Qual eco do seu ser tem se manifestado através do silêncio?

DIA: ____ / ____ / ____

10 | **No silêncio, a comunicação se torna pura**

Sem a interferência do barulho externo, sua verdade se revela de forma cristalina. Exu mostra que o silêncio é a linguagem mais autêntica e transformadora que existe.

REFLEXÃO

Você está disposto a se comunicar com a pureza do silêncio?

“A FALTA DE CONHECIMENTO FAZ COM QUE PERCAMOS MUITAS COISAS. PRECISAMOS NOS ATENTAR À IMPORTÂNCIA DA PLURALIDADE.*”

* Por Mestre Sr. Tiriri.

CICLO 2

CAMINHANDO COM CONSCIÊNCIA

“Quem tem medo de andar nunca vê o que há depois da curva.”

Após dar os primeiros passos, surgem os desafios. Neste percurso, refletiremos sobre os obstáculos da caminhada: medos, inseguranças, impaciência e ilusões que nos fazem tropeçar.

Aqui, Exu ensina que o tempo é um mestre, que os erros são parte do aprendizado e que o equilíbrio entre luz e sombra é essencial para uma jornada autêntica. Muitas vezes, o problema não é o caminho, mas como escolhemos enxergá-lo.

Os desafios da caminhada

O medo: paralisante ou impulsionador?

DIA: ____ / ____ / ____

1 | Medo como combustível

O medo pode ser tanto um sinal de alerta quanto um impulso para a transformação. Exu ensina que, ao reconhecermos e enfrentarmos nossos temores, transformamos a paralisia em ação e crescimento.

REFLEXÃO

Como você pode transformar seu medo em combustível para a mudança?

DIA: ____ / ____ / ____

2 | O impulso do receio

Quando o medo se torna um estímulo, ele nos desafia a sair da zona de conforto. Utilizemos o receio como motivação para explorar novas possibilidades.

REFLEXÃO

De que forma o seu medo pode impulsioná-lo a avançar?

DIA: ___ / ___ / ___

3 | Transformar temor em coragem

A presença do medo não precisa ser um obstáculo, mas o primeiro passo rumo à coragem. Enfrentar os temores abre o caminho para a verdadeira transformação.

DIA: ___ / ___ / ___

4 | Entre o medo e a ação

Encontrar o equilíbrio entre sentir medo e agir é essencial para evoluir. Exu revela que cada passo, mesmo marcado pelo receio, contribui para a construção do seu caminho.

REFLEXÃO

Como você equilibra o medo e a ação em sua jornada?

DIA: ____ / ____ / ____

5 | Medo: um chamado à transformação

Cada emoção tem um propósito. Quando a emoção é bem compreendida, guia mudanças positivas.

REFLEXÃO

O que o seu medo está tentando ensinar a você hoje?

DIA: ____ / ____ / ____

6 | A dualidade do medo

O medo tem dois lados: ele pode tanto paralisar quanto impulsionar. Reconheça essa dualidade e escolha a ação que liberta.

REFLEXÃO

Você consegue ver o lado transformador do seu medo?

DIA: ___ / ___ / ___

7 Do receio à determinação

Enfrentar o medo revela uma fonte interna de determinação. Cada desafio vencido fortalece a vontade de avançar.

DIA: ___ / ___ / ___

8 O medo como sinal de crescimento

Sentir medo indica que estamos nos aproximando de algo novo e desafiador. Os grandes passos começam onde o temor se instala.

REFLEXÃO

Quais desafios despertam seu medo e, ao mesmo tempo, impulsionam seu crescimento?

DIA: ____ / ____ / ____

O poder transformador do enfrentamento 9

Ao encarar o medo, você transforma obstáculos em oportunidades. Supere os temores, veja-os como ritos de passagem para sua evolução pessoal.

DIA: ____ / ____ / ____

10 O impacto do medo

Em vez de ficar paralisado, use o medo para impulsionar sua jornada. Exu mostra que quando o receio se converte em ação, ele se torna uma ferramenta poderosa de transformação.

REFLEXÃO

Como você pode converter seu medo em uma ferramenta para avançar?

ENFRENTAR
O MEDO REVELA
UMA FONTE
INTERNA DE
DETERMINAÇÃO.

Nem tudo tem a ver com você

DIA: ____ / ____ / ____

1 | O mundo é maior que você

Muitas vezes, o que vivenciamos não gira em torno de nossas próprias expectativas. Exu ensina que reconhecer que nem tudo diz respeito a você amplia sua visão e empatia.

REFLEXÃO

Como você pode se abrir para enxergar além do seu próprio universo?

DIA: ____ / ____ / ____

2 | O olhar para o outro

Entender que cada ser tem a própria jornada é fundamental. Lembre-se de que expandir o olhar para além de si mesmo enriquece sua caminhada.

REFLEXÃO

Você tem se permitido ver o mundo pelos olhos dos outros?

DIA: ____ / ____ / ____

Liberdade além do ego | 3

Deixar de colocar o ego no centro de tudo liberta a mente para novas experiências. Saiba que a verdadeira sabedoria nasce quando percebemos que o universo é plural.

DIA: ____ / ____ / ____

4 | A interconexão das existências

Cada vida é um universo único que se entrelaça com o seu. Exu mostra que reconhecer essa conexão aprofunda suas relações e sua compreensão da existência.

REFLEXÃO

Como você pode se conectar de forma mais profunda com o mundo ao seu redor?

DIA: ____ / ____ / ____

5 | Além do espelho do eu

Nem tudo que acontece ao seu redor reflete algo ligado a você. Exu ensina que olhar além do próprio espelho enriquece sua percepção e compreensão do todo.

REFLEXÃO

Você consegue separar suas experiências pessoais da realidade coletiva?

DIA: ____ / ____ / ____

6 | A sabedoria do outro

Cada encontro traz uma lição única. O convite está feito: valorize a sabedoria que cada pessoa carrega para ampliar sua própria visão de mundo.

REFLEXÃO

Qual lição você aprendeu recentemente observando a jornada de alguém próximo?

REFLEXÃO

Como você pode compartilhar sua jornada sem sentir que precisa controlar o foco do universo?

DIA: ___ / ___ / ___

A arte de compartilhar a existência | 7

DIA: ___ / ___ / ___

8 | O espelho múltiplo

Cada pessoa reflete um pedaço do universo. A multiplicidade de olhares enriquece nossa visão e nos convida a aprender com a diversidade.

REFLEXÃO

Você tem se permitido ver a si mesmo através dos diversos olhares que o cercam?

DIA: ____ / ____ / ____

9 | Cultive o desapego e acolha o outro

Quando compreendemos que nem tudo diz respeito a nós, fica mais fácil termos generosidade e empatia.

REFLEXÃO

De que maneira o desapego pode ampliar sua capacidade de amar o outro?

DIA: ____ / ____ / ____

Enxergar o todo | 10

Nossa jornada se torna mais rica quando reconhecemos que todos fazem parte de um grande universo. Exu ensina que a verdadeira visão se expande quando você se posiciona no todo.

E quando o obstáculo é você mesmo?

DIA: ____ / ____ / ____

1 | Você é o seu maior obstáculo

Muitas vezes, o que impede o seu avanço está dentro de você. Exu ensina que reconhecer as próprias limitações é o primeiro passo para superá-las e evoluir.

REFLEXÃO

Quais aspectos internos têm sido obstáculos para o seu crescimento?

DIA: ____ / ____ / ____

2 | A barreira interna

Quando nos deparamos com barreiras internas, o autoconhecimento se torna a chave para a superação. O segredo é que transformar essas barreiras é essencial para avançar.

REFLEXÃO

Você tem identificado e desafiado suas próprias barreiras internas?

DIA: ____ / ____ / ____

3 | O espelho dos próprios medos

Muitas vezes, os medos que nos travam refletem inseguranças internas. Enfrentar esses medos será um passo libertador para a transformação.

REFLEXÃO

De que forma seus medos internos influenciam sua jornada?

DIA: ____ / ____ / ____

4 | Superar o eu limitante

Reconhecer que o maior obstáculo está em nós mesmos é o começo da mudança. Tome coragem para transformar o "eu limitante" em um motor para o crescimento.

REFLEXÃO

Você está disposto a converter suas limitações em trampolins para o sucesso?

DIA: ____ / ____ / ____

5 | O desafio de se superar

Evoluir significa encarar e superar os desafios que você mesmo cria. Cada obstáculo interno é uma chance de se reinventar.

REFLEXÃO

Como você pode se desafiar a superar os obstáculos que vêm de dentro?

DIA: ____ / ____ / ____

6 | Do confronto interno à libertação

Enfrentar as partes de nós mesmos que bloqueiam o nosso caminho é um ato de coragem. Exu revela que a libertação vem do confronto honesto com o próprio eu.

REFLEXÃO

Que parte de si mesmo você precisa confrontar para se libertar hoje?

DIA: ___ / ___ / ___

7 A autossabotagem desmascarada

Muitas vezes, nos sabotamos de modo inconsciente. Aprender a identificar esses comportamentos é fundamental para transformar a autossabotagem em autoconfiança.

REFLEXÃO

Quais atitudes autossabotadoras você reconhece em sua jornada?

DIA: ___ / ___ / ___

Transformar o obstáculo em impulso 8

Ao converter obstáculos em motivação, nos tornamos protagonistas da nossa evolução. Lembre-se: a autotransformação começa pelo autoconhecimento.

DIA: ____ / ____ / ____

9 | **A voz interna que desafia**

Nosso diálogo interno pode ser tanto um obstáculo quanto um impulso. Cultivar uma voz positiva transforma o confronto em aprendizado.

REFLEXÃO

Sua voz interior tem sido uma aliada ou um obstáculo em sua jornada?

DIA: ____ / ____ / ____

10 | **Do autoimpedimento à autotranscendência**

Reconhecer que nós mesmos somos o obstáculo abre caminho para transcender os nossos limites. Exu nos inspira a ultrapassar nossos limites e alcançar novas alturas.

REFLEXÃO

Você está pronto para transcender os limites que impõe a si mesmo?

Aqui é onde todos os caminhos se unem, os começos e os términos colidem. Os caminhos de sucessos, ganhos e perdas partem do mesmo ponto, os trechos de desenvolvimento e estagnação surgem a partir de uma decisão.

Imagine que você está no centro de uma encruzilhada de três vias. Onde você está no seu caminho? E para onde você vai?

Escolha por qual caminho sua jornada vai iniciar.

ABRINDO OS CAMINHOS (P. 32)
Nesta etapa, você é convidado a despertar para as inúmeras possibilidades que a vida oferece. Exu o estimula à consciência de que cada escolha abre um portal de transformação, enfatizando a importância da comunicação – tanto pelas palavras quanto pelo silêncio – e a necessidade de liberar as cargas emocionais que impedem seu avanço. Este caminho é ideal para quem busca fundamentar seu autoconhecimento e estabelecer uma base sólida para sua jornada, seja ela iniciada agora ou já em curso.

CICLO 2

CAMINHANDO COM CONSCIÊNCIA (P. 102)
Aqui, o foco está nos desafios que surgem ao longo do percurso. Com a orientação de Exu, esta etapa nos convoca a enfrentar medos, inseguranças e padrões de autossabotagem, valorizando o tempo e a paciência necessários para amadurecer. A integração da dualidade entre luz e sombra transforma cada tropeço em uma oportunidade para crescer. Se você deseja aprofundar sua consciência e aprender a lidar com os obstáculos da vida de forma equilibrada, este caminho pode ser o ideal para você.

CICLO 3

FIRMANDO PASSOS E CRIANDO O PRÓPRIO DESTINO (P. 166)
Nesta etapa, o convite é para assumir o protagonismo da sua vida. Inspirado pela leveza do riso e pela astúcia transformadora de Exu, este caminho estimula a mudança e a criação consciente do seu destino. Aqui, cada fechamento se torna um recomeço, e cada decisão, um passo firme em direção a uma realidade construída com liberdade e responsabilidade. Se você sente que está pronto para moldar seu caminho, este é o espaço para celebrar sua individualidade e construir o futuro que deseja.

O tempo e a paciência
O tempo como mestre

DIA: ____ / ____ / ____

1 | A maturidade se revela naturalmente

Quando algo está maduro, manifesta-se espontaneamente. Exu ensina que a paciência é a chave para reconhecer o que está pronto para florescer.

REFLEXÃO

Você tem percebido os sinais de maturidade em sua vida sem precisar forçar o desabrochar?

DIA: ____ / ____ / ____

2 | O tempo revela a maturidade

O que está maduro chega em seu próprio ritmo. Saiba que confiar no tempo natural das coisas é parte da sabedoria.

REFLEXÃO

Como você pode confiar mais no ritmo natural do tempo em sua vida?

DIA: ____ / ____ / ____

3 | A colheita da paciência

Cultivar a paciência é permitir que a maturidade floresça com naturalidade.

REFLEXÃO

Você tem cultivado a paciência necessária para colher os frutos do seu esforço?

DIA: ____ / ____ / ____

4 | Quando o tempo é aliado

Exu ensina a nos alinharmos com o tempo e a fluidez da vida.

REFLEXÃO

Como você pode se alinhar com o tempo, permitindo que as coisas aconteçam naturalmente?

DIA: ____ / ____ / ____

5 | **A sinfonia do tempo**

Cada momento tem seu compasso e, quando o tempo se harmoniza, o que está maduro se revela com clareza. Exu ensina que o ritmo do tempo é a trilha da sabedoria.

REFLEXÃO

Você consegue ouvir a sinfonia do tempo que rege a sua vida?

DIA: ____ / ____ / ____

6 | **Deixe o tempo agir**

Forçar o que não está pronto atrapalha a colheita natural. Confie no processo natural da vida, ele é o caminho para a realização.

REFLEXÃO

O que você tem forçado que precisa de tempo para agir?

DIA: ____ / ____ / ____

7 | O poder do amadurecimento

A maturidade se desenvolve silenciosamente, sem pressa. Exu ensina que o verdadeiro crescimento acontece quando você permite que o tempo faça seu trabalho.

REFLEXÃO

Como você pode honrar o processo de amadurecimento em sua jornada?

DIA: ____ / ____ / ____

8 | A colheita sem esforço

Quando algo está verdadeiramente maduro, chega até nós sem esforço. Inspire-se a confiar na naturalidade do tempo.

REFLEXÃO

Você tem aprendido a colher os frutos da vida sem se apressar?

DIA: ___ / ___ / ___

O tempo como mestre | 9

REFLEXÃO

De que forma o tempo tem sido seu mestre na jornada da maturidade?

DIA: ___ / ___ / ___

10 | Maturidade: o sinal da colheita

O que está maduro cai sozinho, anunciando a chegada de um novo ciclo. Exu ensina que reconhecer esse sinal é celebrar o fluxo natural da vida.

REFLEXÃO

Quais sinais de maturidade você tem observado em sua trajetória?

O equilíbrio entre agir e esperar

DIA: ____ / ____ / ____

1 | Agir ou esperar?

A sabedoria está em saber quando tomar a iniciativa e quando esperar o momento certo. Exu ensina que ambos os momentos têm seu valor e que o equilíbrio é essencial.

REFLEXÃO

Como você decide o momento certo entre agir e esperar?

DIA: ____ / ____ / ____

2 | O tempo da ação

Agir com consciência é tão importante quanto saber esperar. Compreenda que cada momento carrega sua finalidade e que o discernimento guia as decisões.

REFLEXÃO

Você confia no tempo para orientar suas ações e escolhas?

REFLEXÃO

Qual foi a última vez que você se permitiu dançar ao ritmo da ação e da paciência?

DIA: ____ / ____ / ____

A dança da ação e da paciência | 3

DIA: ____ / ____ / ____

4 | Decisão consciente

Saber quando agir ou esperar é fruto do autoconhecimento. Encoraje-se a escutar seu coração e mente para tomar a decisão correta.

REFLEXÃO

Você tem escutado seu coração ao decidir entre agir ou esperar?

DIA: ____ / ____ / ____

5 **O impulso da ação *versus* a calma da espera**

Ambos os momentos são fundamentais: a ação impulsionada pela sabedoria e a espera serena.

REFLEXÃO

Como você pode encontrar equilíbrio entre o impulso de agir e a serenidade de esperar?

DIA: ____ / ____ / ____

6 **Agir sem pressa, esperar sem medo**

A verdadeira força reside em agir com determinação sem perder a paciência necessária para a transformação. Perceba que calma e ação se complementam.

DIA: ____ / ____ / ____

7 | A sabedoria do momento presente

No agora, a resposta para agir ou esperar se revela. O presente traz todas as informações para a decisão ideal.

REFLEXÃO

Você tem se conectado com o presente para saber quando agir ou esperar?

DIA: ____ / ____ / ____

8 | A incerteza do tempo

A dúvida entre agir e esperar pode ser um convite para olhar mais profundamente para dentro.

REFLEXÃO

Como você lida com a incerteza entre agir e esperar em sua vida?

DIA: ____ / ____ / ____

Entre o impulso e a reflexão | 9

Agir sem reflexão pode ser impulsivo; esperar sem análise, paralisante. O meio-termo entre ambos é a base da evolução.

DIA: ____ / ____ / ____

10 | A arte de saber o tempo certo

Aprender a discernir o momento exato para agir ou esperar é uma arte que se desenvolve com prática e atenção. Exu ensina que reconhecer o tempo certo é uma habilidade valiosa.

REFLEXÃO

Você tem desenvolvido a capacidade de reconhecer o tempo ideal para suas ações?

A dualidade e o equilíbrio
Tudo tem dois lados

DIA: ____ / ____ / ____

1 | A dualidade da existência

Tudo na vida tem dois lados, assim como a luz e a sombra. Exu ensina que reconhecer essa dualidade é essencial para uma compreensão mais profunda do mundo.

REFLEXÃO

Você tem percebido os dois lados das situações em sua jornada?

DIA: ____ / ____ / ____

2 | Toda experiência traz consigo tanto desafios quanto aprendizados

Saiba que a dualidade é uma oportunidade para crescer em equilíbrio.

REFLEXÃO

Como você pode aproveitar a dualidade presente em suas experiências para evoluir?

DIA: ____ / ____ / ____

3 | O equilíbrio entre os opostos

A harmonia surge ao aceitar tanto o positivo quanto o negativo. A verdadeira sabedoria está em integrar os opostos.

REFLEXÃO

Você tem buscado o equilíbrio entre as forças opostas que o cercam?

DIA: ____ / ____ / ____

4 | Dois lados, uma única verdade

Mesmo os opostos se completam para formar uma única realidade. A dualidade é parte do mistério da existência.

REFLEXÃO

Como você pode reconciliar os opostos em sua própria experiência?

DIA: ____ / ____ / ____

5 | **A beleza dos contrastes**

Os contrastes na vida revelam a riqueza de cada experiência. Aprenda que a diversidade dos opostos torna cada jornada única.

REFLEXÃO

De que forma os contrastes enriquecem sua visão do mundo?

REFLEXÃO

Que lição você tem aprendido ao observar os dois lados de suas experiências?

DIA: ____ / ____ / ____

O conhecimento se amplia quando aceitamos todos os aspectos de uma situação | 6

DIA: ____ / ____ / ____

7 O paradoxo da existência

A vida é cheia de paradoxos em que os opostos se complementam. Exu ensina que explorar esses paradoxos abre portas para uma visão mais ampla.

REFLEXÃO

Você está aberto a explorar os paradoxos que enriquecem sua jornada?

DIA: ____ / ____ / ____

Aceitar os dois lados 8

Aceitar a dualidade é aceitar a totalidade da vida. Exu ensina que o equilíbrio nasce do reconhecimento de que tudo tem dois lados.

O CONHECIMENTO SE AMPLIA QUANDO ACEITAMOS TODOS OS ASPECTOS DE UMA SITUAÇÃO.

DIA: ____ / ____ / ____

9 | A dança dos opostos

Os opostos dançam em harmonia, formando a melodia da vida. Exu revela que essa dança é essencial para criar um equilíbrio verdadeiro.

REFLEXÃO

Você tem se permitido dançar com os opostos em sua própria vida?

DIA: ____ / ____ / ____

10 | A totalidade dos contrastes

A plenitude se revela ao abraçar todos os contrastes. Exu ensina que unir os opostos cria uma realidade mais rica e completa.

REFLEXÃO

Como você pode unir os contrastes presentes em sua vida para alcançar uma maior totalidade?

A luz e as sombras caminham juntas

REFLEXÃO

Você tem conseguido abraçar tanto sua luz quanto suas sombras?

DIA: ____ / ____ / ____

1 Abrace a luz e a sombra

DIA: ____ / ____ / ____

2 A sombra é parte da luz

Sem a sombra, a luz não teria o mesmo brilho. Cada sombra traz uma oportunidade de aprendizado e crescimento.

REFLEXÃO

Como você tem integrado as partes sombrias de si mesmo em sua jornada de luz?

DIA: ____ / ____ / ____

3 **A coexistência de luz e sombra cria um cenário cheio de significados**

Exu ensina que reconhecer essa composição é um caminho para a sabedoria.

REFLEXÃO

De que forma você encontra equilíbrio entre momentos de clareza e de obscuridade em sua vida?

DIA: ____ / ____ / ____

4 **O poder da integração**

Integrar luz e sombra conduz à plenitude. Lembre-se de que a verdadeira força surge quando aceitamos todos os aspectos do ser.

REFLEXÃO

Você se permite integrar todos os aspectos da sua personalidade, mesmo os aparentemente opostos?

ABRACE A LUZ
E A SOMBRA.

DIA: ____ / ____ / ____

5 | Luz sem sombra é incompletude

A plenitude do ser se revela na união dos opostos. Exu mostra que, sem as sombras, a luz perde profundidade.

REFLEXÃO

Como você pode valorizar as sombras como parte essencial de sua própria luz?

DIA: ____ / ____ / ____

Caminhe entre a luz e a sombra | 6

A jornada de autoconhecimento passa pelo entendimento de que luz e sombra coexistem. Por isso, lidar com ambas é um ato de coragem.

DIA: ____ / ____ / ____

7 | A dualidade interna

Dentro de cada um há uma batalha.

REFLEXÃO

Você tem encontrado paz ao integrar os aspectos luminosos e sombrios do seu ser?

DIA: ____ / ____ / ____

8 | Transforme a sombra em aprendizado

A sombra pode ser transformada em fonte de sabedoria se encarada com honestidade. Compreenda: cada sombra tem um ensinamento valioso.

REFLEXÃO

Qual lição sua sombra tem a oferecer para iluminar seu caminho?

REFLEXÃO

De que forma você pode cultivar o equilíbrio entre sua luz e sua sombra hoje?

DIA: ____ / ____ / ____

O equilíbrio vital 9

DIA: ____ / ____ / ____

10 Harmonia entre os opostos

A harmonia surge ao reconhecer que luz e sombra são partes inseparáveis do todo. Exu ensina que essa união é a chave para uma existência autêntica.

REFLEXÃO

Você está disposto a buscar a harmonia entre os opostos dentro de você?

O que acontece quando ignoramos um lado da moeda?

DIA: ____ / ____ / ____

1 | **O desequilíbrio de ignorar um lado**

Negligenciar qualquer parte da dualidade promove um desequilíbrio na jornada. Exu ensina que cada lado traz lições indispensáveis para a evolução.

REFLEXÃO

O que acontece em sua vida quando você ignora uma parte importante de sua experiência?

____

____

____

____

____

____

____

____

____

DIA: ____ / ____ / ____

2 | **A perda da totalidade**

Ignorar um lado faz com que se perca a riqueza da experiência completa. A totalidade é alcançada quando abraçamos ambos os lados.

REFLEXÃO

Você tem se permitido viver a totalidade de suas experiências, mesmo as desafiadoras?

____

____

____

____

____

____

____

____

DIA: ____ / ____ / ____

3 | A ilusão do parcial

Focar apenas um aspecto da existência ou de si cria a ilusão de completude, mas deixa de fora a essência. Exu ensina que a verdadeira sabedoria está na integração dos opostos.

REFLEXÃO

Como você pode superar a ilusão de viver apenas parte da sua realidade?

DIA: ____ / ____ / ____

4 | O vazio da omissão

Ignorar uma parte de si leva a um vazio que impede a evolução plena. Exu ensina que a completude vem do acolhimento de todos os aspectos da vida.

REFLEXÃO

Qual aspecto de sua vida você tem deixado de lado e que precisa ser acolhido?

REFLEXÃO

De que maneira você pode buscar um equilíbrio entre todas as partes do seu ser?

DIA: ____ / ____ / ____

A importância do equilíbrio | 5

DIA: ____ / ____ / ____

6 | A sombra que não se vê

Ignorar um lado faz com que a sombra desse aspecto se manifeste sem controle.
O aprendizado está em reconhecer e integrar todos os lados para evitar conflitos internos.

REFLEXÃO

Você já notou alguma sombra surgindo quando ignora certos aspectos de sua experiência?

DIA: ___ / ___ / ___

7 | A lição dos opostos ignorados

Cada lado seu tem algo a ensinar, e ignorar isso é perder uma lição valiosa. Exu mostra que o verdadeiro aprendizado vem da aceitação total de suas diversas facetas.

DIA: ___ / ___ / ___

8 | A incompletude do eu

Viver apenas parte de si mesmo provoca uma sensação de incompletude. A plenitude é alcançada quando abraçamos todos os fragmentos do ser.

REFLEXÃO

Você já se viu verdadeiramente hoje?

DIA: ____ / ____ / ____

9 | O conflito interno

Quando negamos partes de nós mesmos, criamos rupturas que nos afastam da nossa essência. Exu mostra que só é possível silenciar o conflito quando todas as vozes são ouvidas.

REFLEXÃO

Qual parte sua tem sido ignorada e pede passagem para falar?

DIA: ____ / ____ / ____

10 | A potência dos opostos

Exu ensina que não há criação sem contraste. Ao unir o que antes parecia inconciliável, você deixa de ser metades em conflito e se torna inteiro em movimento.

REFLEXÃO

O que pode emergir se você parar de escolher lados e começar a integrar caminhos?

Aprendendo com os erros

Você precisa errar para aprender?

DIA: ___ / ___ / ___

REFLEXÃO

Como seus erros têm contribuído para seu crescimento?

1 **Errar faz parte da jornada**

Cometer erros é natural e essencial para o aprendizado. Exu ensina que cada deslize traz uma lição que fortalece sua evolução pessoal.

DIA: ___ / ___ / ___

REFLEXÃO

Que lição você aprendeu com um tropeço recente?

2 **O valor do tropeço**

Tropeçar não é falhar, e sim uma oportunidade para aprender e se reerguer. Compreenda que cada erro é um degrau rumo à sabedoria.

DIA: ____ / ____ / ____

3 | A beleza do imperfeito

A imperfeição é o que torna a vida autêntica. Saiba que errar faz parte de ser humano e que cada falha é uma chance de aprimoramento.

REFLEXÃO

Você tem aceitado suas imperfeições como parte do seu processo evolutivo?

DIA: ____ / ____ / ____

4 | Cada erro traz consigo uma lição transformadora

A lição está em aprender com os próprios enganos, eles são o caminho para a verdadeira sabedoria.

REFLEXÃO

Como você tem transformado seus erros em lições?

DIA: ____ / ____ / ____

5 | Erros que abrem caminhos

Errar pode ser o primeiro passo para descobrir novos horizontes. Exu ensina que os desafios e os erros nos impulsionam a buscar novas direções.

REFLEXÃO

De que forma um erro seu abriu um novo caminho de oportunidades?

DIA: ____ / ____ / ____

6 | A coragem de errar

Admitir e aprender com os erros exige coragem e humildade. Saiba que reconhecer suas falhas é um ato de força que conduz à evolução.

REFLEXÃO

Você tem coragem de reconhecer e aprender com seus erros?

DIA: ____ / ____ / ____

7 | Cada falha é uma semente

Em cada erro há a semente de uma nova possibilidade. Ao cultivar essas sementes, você floresce rumo a novos horizontes.

REFLEXÃO

Que semente de aprendizado um erro seu plantou recentemente?

____

____

____

____

____

____

____

____

____

DIA: ____ / ____ / ____

8 | Errar é aprender a recomeçar

Cada erro oferece uma nova chance de recomeçar com mais experiência. Exu ensina que o recomeço é parte natural da jornada.

REFLEXÃO

Como você tem utilizado seus erros como oportunidades para recomeçar?

____

____

____

____

____

____

____

____

____

DIA: ____ / ____ / ____

9 | O poder transformador do erro

Encarar o erro com honestidade tem o poder de transformar sua trajetória. Exu ensina que a evolução vem do aprendizado com os próprios deslizes.

REFLEXÃO

Que transformação positiva surgiu a partir de um erro que você cometeu?

DIA: ____ / ____ / ____

10 | O erro é o mestre invisível

Por trás de cada erro existe uma lição oculta esperando para ser descoberta. Exu revela que o verdadeiro mestre da evolução é aquele que aprende com os próprios erros.

REFLEXÃO

Qual lição você tem descoberto ao refletir sobre seus erros?

O que a queda ensina?

DIA: ____ / ____ / ____

1 | **A sabedoria da queda**

Cada queda traz uma oportunidade de se levantar com mais força. Exu ensina que, na queda, há uma lição que prepara o caminho para se reerguer.

REFLEXÃO

O que sua queda mais recente lhe ensinou sobre resiliência?

DIA: ____ / ____ / ____

2 | **A força de se reerguer**

A verdadeira grandeza se revela quando nos levantamos após uma queda.

REFLEXÃO

Como você tem encontrado forças para se reerguer após as quedas?

DIA: ___ / ___ / ___

3 | Quedas que revelam a essência

As quedas expõem fragilidades e a capacidade de superação. Compreenda que aprender com a queda é abraçar sua própria essência.

DIA: ___ / ___ / ___

4 | A lição do chão

Cair pode não ser o fim, e sim um chamado para retornar à base. Ao tocarmos o chão, nos lembramos de onde viemos e do que nos sustenta.

REFLEXÃO

O que o chão tem te ensinado sobre a sua própria força?

DIA: ____ / ____ / ____

5 | O recomeço após a queda

A queda não é o fim, mas o início de uma nova jornada.

REFLEXÃO

Como um recomeço após uma queda tem transformado sua trajetória?

DIA: ____ / ____ / ____

6 | A arte de se levantar

Cada queda é uma oportunidade para aprender a arte de se reerguer com graça e força.

REFLEXÃO

De que forma você tem aprimorado a arte de se levantar após os desafios?

DIA: ____ / ____ / ____

7 | Na queda, há a oportunidade de crescer

Uma queda importante pode se tornar uma lição para crescer.

REFLEXÃO

Como uma queda reforçou sua confiança em sua própria força?

DIA: ____ / ____ / ____

8 | O chamado para evoluir

Cada vez que você cai, o Universo o convida a evoluir e se transformar. Em alguns momentos, a queda pode ser uma porta para a evolução pessoal e espiritual.

REFLEXÃO

Você tem visto as suas quedas como um chamado para sua evolução pessoal?

DIA: ____ / ____ / ____

9 Quedas que fortalecem o espírito

Cada tombo é uma oportunidade para descobrir sua resiliência.

REFLEXÃO

Como uma queda reforçou sua confiança em sua própria força?

DIA: ____ / ____ / ____

10 O ensinamento silencioso da queda

Na quietude de uma queda, há um ensinamento que aguarda para ser compreendido. Exu revela que cada tombo carrega um segredo de sabedoria para quem está atento.

REFLEXÃO

Que segredo de sabedoria você tem descoberto nas lições advindas de suas quedas?

Rir de si mesmo e seguir em frente

DIA: ____ / ____ / ____

1 **O riso cura**

Rir de si mesmo é reconhecer a humanidade e a imperfeição que nos torna únicos. Exu ensina que o humor diante dos erros é sinal de inteligência emocional e autoconhecimento.

REFLEXÃO

Você tem encontrado leveza ao rir de seus próprios deslizes?

____
____
____
____
____
____
____
____
____

DIA: ____ / ____ / ____

2 **Há sabedoria no sorriso**

Quando rimos de nossos próprios erros, transformamos o fracasso em aprendizado. O riso desarma o ego e abre espaço para a evolução.

REFLEXÃO

Como o riso tem ajudado você a transformar seus erros em lições de sabedoria?

____
____
____
____
____
____
____
____
____

REFLEXÃO

De que forma o humor tem impulsionado sua evolução pessoal?

DIA: ____ / ____ / ____

Rir para evoluir | 3

DIA: ____ / ____ / ____

4 | O leve toque da autocompaixão

Rir de si mesmo é um ato de autocompaixão que suaviza as dores do fracasso. Essa leveza permite que você siga em frente com inteligência.

REFLEXÃO

Você tem se permitido rir de si mesmo como forma de autocompaixão?

DIA: ____ / ____ / ____

5 | A graça da vida

Exu revela que a inteligência está em ver o lado cômico da vida.

REFLEXÃO

Qual erro recente você pode transformar em uma anedota que traga aprendizado?

DIA: ____ / ____ / ____

6 | A leveza do autoconhecimento

Rir dos próprios erros é reconhecer que o ser humano está sempre em evolução. Exu ensina que o riso torna a jornada de autoconhecimento mais leve e prazerosa.

REFLEXÃO

Como você pode usar o riso para tornar sua jornada de autoconhecimento mais leve?

DIA: ____ / ____ / ____

7 Humor como sinal de resiliência

A capacidade de rir dos próprios erros demonstra uma mente aberta e resiliente. O humor é uma ponte para a superação e a renovação.

DIA: ____ / ____ / ____

8 Inteligência ao encarar o inusitado

Rir do inesperado e dos erros mostra uma mente flexível e adaptável. Exu revela que essa flexibilidade é a base da verdadeira sabedoria.

REFLEXÃO

Como o riso tem ajudado você a reagir melhor às surpresas da vida?

RIR DOS
PRÓPRIOS ERROS
É RECONHECER
QUE O SER
HUMANO ESTÁ
SEMPRE EM
EVOLUÇÃO.

DIA: ____ / ____ / ____

9 | O riso como remédio transformador

O riso alivia as dores e transforma os erros em experiências enriquecedoras. O humor é um poderoso remédio para a alma.

REFLEXÃO

De que forma o riso tem contribuído para sua transformação pessoal?

DIA: ____ / ____ / ____

10 | Rir de si é celebrar a vida

Exu ensina que a celebração da vida é também um sinal de amor-próprio.

REFLEXÃO

Você está celebrando sua vida ao reconhecer e rir de suas imperfeições?

“

A VIDA É UM GRANDE JOGO DE XADREZ E REQUER UM PLANO ESTRATÉGICO. É IMPORTANTE QUE TENHAMOS SEMPRE PACIÊNCIA E RESILIÊNCIA.*

”

* Por Mestre Sr. Tiriri.

CICLO 3

FIRMANDO PASSOS E CRIANDO O PRÓPRIO DESTINO

"Seu caminho é você quem faz."

Com mais consciência sobre a caminhada, chega o momento de assumir o protagonismo. Neste caminho, falamos sobre autenticidade, estratégia e a capacidade de criar o próprio destino.

Exu é aquele que sabe rir da vida, que usa a malandragem para escapar das armadilhas e que ensina que toda jornada tem recomeços. A pergunta final é: agora que você caminhou até aqui, o que pretende fazer com isso?

Autenticidade e protagonismo
Assumir o comando do próprio caminho

DIA: ____ / ____ / ____

1 **Caminho ou trilha?**

Cada decisão tem o poder de transformar o percurso que você trilha. Exu ensina que tanto seguir um caminho predeterminado quanto criar o seu próprio exigem coragem e autenticidade.

REFLEXÃO

Você se sente mais confortável em seguir o caminho dos outros ou prefere traçar o próprio rumo?

DIA: ____ / ____ / ____

2 **Ser protagonista do seu destino**

Ser o protagonista da própria vida significa assumir a responsabilidade por cada escolha. Aprenda a abandonar a passividade e a agir com intenção, criando rotas que refletem sua verdade interior.

REFLEXÃO

Quais atitudes você pode tomar hoje para se tornar o protagonista do próprio destino?

DIA: ____ / ____ / ____

3 | Desenhar o próprio caminho

Cada passo consciente é um traço na tela de sua existência. A verdadeira liberdade está em desenhar o próprio caminho, em vez de seguir padrões impostos.

REFLEXÃO

Em que área da sua vida você está disposto a desenhar seu próprio caminho?

DIA: ____ / ____ / ____

4 | O poder de decidir

Decidir por si mesmo é afirmar sua autenticidade. A força interior se manifesta quando escolhemos não apenas seguir, mas também criar o nosso rumo.

REFLEXÃO

Qual decisão você precisa tomar para viver sua autonomia hoje?

DIA: ____ / ____ / ____

5 | **Caminhos que se fazem**

O destino não é predeterminado; ele se constrói a cada passo. Exu ensina que seguir um caminho é um convite à autodescoberta e que, ao traçar o seu, você se aproxima de sua essência.

REFLEXÃO

Você está criando o caminho que deseja ou simplesmente seguindo o fluxo?

DIA: ____ / ____ / ____

6 | **Romper o molde**

Romper com o convencional é um ato de coragem. Encoraje-se a sair dos moldes e a se aventurar por territórios desconhecidos, revelando seu verdadeiro eu.

REFLEXÃO

Com o que você pode romper em sua vida para começar a trilhar um caminho autêntico?

DIA: ____ / ____ / ____

7 | Entre o seguir e o criar

Muitas vezes, a linha entre seguir e criar é tênue. Saiba que a sabedoria está em aprender com os outros e, ao mesmo tempo, criar o próprio percurso.

REFLEXÃO

Como você equilibra a influência dos outros com sua própria criação?

DIA: ____ / ____ / ____

8 | A autonomia da escolha

Lembre-se de que cada escolha é um passo rumo à liberdade.

REFLEXÃO

Em que momento você se sentiu verdadeiramente autônomo ao escolher seu caminho?

DIA: ____ / ____ / ____

9 | Despertar para a liderança

Despertar para ser líder na própria vida é reconhecer a importância de suas escolhas. Exu ensina que, ao moldar seu destino, você inspira os outros a fazerem o mesmo.

REFLEXÃO

Você está pronto para liderar sua vida e inspirar aqueles ao seu redor?

DIA: ____ / ____ / ____

10 | O traço da liberdade

Traçar seu próprio caminho é a manifestação da sua liberdade. Exu mostra que, ao deixar de seguir o convencional, você descobre a beleza de ser único em cada decisão.

REFLEXÃO

Como você pode expressar sua liberdade através das escolhas que faz diariamente?

Ser autêntico e verdadeiro consigo mesmo

DIA: ____ / ____ / ____

1 | Verdade interior

Ser verdadeiro consigo é ouvir a voz que ecoa no fundo do coração. Exu ensina que a autenticidade nasce do reconhecimento de sua essência, sem máscaras.

REFLEXÃO

Você tem ouvido a voz do seu verdadeiro eu, mesmo quando ela contrasta com as expectativas externas?

DIA: ____ / ____ / ____

2 | A autenticidade revela

A autenticidade é o reflexo de sua alma. Inspire-se a viver sem fingimentos, permitindo que cada ação seja um espelho de sua verdade interior.

REFLEXÃO

Em que momentos você se sente mais autêntico e como isso impacta sua vida?

DIA: ____ / ____ / ____

3 | **Ser verdadeiro consigo revela um espelho que reflete sua essência**

Afinal, honestidade consigo mesmo é a base para uma vida plena e significativa.

REFLEXÃO

O que você enxerga ao se olhar no espelho de sua própria verdade?

DIA: ____ / ____ / ____

4 | **Autenticidade sem desculpas**

Viver sem máscaras é um ato de coragem. A coragem de se revelar como realmente é abre portas para conexões genuínas e transformadoras.

REFLEXÃO

Quais desculpas você tem usado para esconder sua verdade e como pode se libertar delas?

SER VERDADEIRO CONSIGO É OUVIR A VOZ QUE ECOA NO FUNDO DO CORAÇÃO.

DIA: ___ / ___ / ___

5 | **A força da verdade**

Sua força interior se fortalece ao abraçar sua essência. Ser autêntico é reconhecer as próprias imperfeições e transformá-las em fontes de poder.

REFLEXÃO

Como suas imperfeições podem se tornar o alicerce de sua autenticidade?

DIA: ___ / ___ / ___

6 | **Verdade que liberta**

Ser verdadeiro consigo é um caminho para a liberdade, pois viver de acordo com sua essência rompe com os grilhões das expectativas alheias.

REFLEXÃO

De que forma a verdade sobre si mesmo tem contribuído para sua liberdade pessoal?

DIA: ___ / ___ / ___

7 Caminho da sinceridade

Sinceridade é a luz que guia o caminho da autenticidade. Ser verdadeiro é um ato de amor-próprio e um convite à evolução.

REFLEXÃO

Você está praticando a sinceridade consigo e com os outros?

DIA: ___ / ___ / ___

Honestidade com o eu 8

Ser verdadeiro é um compromisso de honestidade com seu próprio ser. Exu inspira a abandonar falsidades e a viver com integridade, mesmo desafiando o *status quo*.

DIA: ____ / ____ / ____

9 | Despertar para a autenticidade

A autenticidade desperta quando você se permite ser vulnerável e honesto. Compreenda que essa vulnerabilidade é a porta para um autoconhecimento profundo e libertador.

REFLEXÃO

Você tem permitido que sua vulnerabilidade se transforme em autenticidade?

DIA: ____ / ____ / ____

10 | O valor de ser você

Ser verdadeiro é reconhecer o valor único que você carrega, pois cada ser tem uma essência singular.

REFLEXÃO

O que faz de você uma pessoa única e como você tem honrado essa singularidade?

A liberdade de ser sem medo

DIA: ____ / ____ / ____

1 | A essência na solitude

Quem você é quando ninguém está observando revela sua verdadeira essência. A autenticidade se manifesta na solidão, sem máscaras.

REFLEXÃO

Quem você realmente é quando está sozinho, sem influências externas?

DIA: ____ / ____ / ____

2 | O verdadeiro eu desperto

A identidade se revela na privacidade de seus pensamentos e ações. Exu o inspira a cultivar momentos de introspecção para descobrir o que realmente importa para você.

REFLEXÃO

Quais valores emergem quando você se conecta com seu eu interior?

DIA: ____ / ____ / ____

3 | A liberdade na privacidade

Na solidão, a liberdade de ser quem você é floresce. Exu ensina que a autenticidade não depende do olhar dos outros, mas da coragem de ser você mesmo.

REFLEXÃO

Como você pode cultivar essa liberdade de ser autêntico mesmo na solitude?

DIA: ____ / ____ / ____

4 | Desvendar o eu oculto

O que permanece escondido sob as expectativas dos outros é seu verdadeiro eu. Exu revela que explorar essa parte oculta é essencial para a autodescoberta e o empoderamento.

REFLEXÃO

Quais aspectos do seu eu você tem deixado ocultos e como pode trazê-los à luz?

DIA: ____ / ____ / ____

5 | O poder da intimidade consigo mesmo

Conectar-se consigo mesmo, sem precisar de validação externa, revela um poder inabalável. Essa intimidade é a base para a autoconfiança.

REFLEXÃO

De que forma você pode fortalecer sua intimidade e autoconhecimento?

DIA: ____ / ____ / ____

6 | A jornada do eu autêntico

Descobrir quem você quer ser é uma viagem interna constante. O verdadeiro crescimento ocorre quando você explora seus desejos e medos sem julgamentos.

REFLEXÃO

Quais aspectos do seu eu autêntico você deseja desenvolver?

A AUTENTICIDADE
SE MANIFESTA
NA SOLIDÃO,
SEM MÁSCARAS.

DIA: ____ / ____ / ____

7 | Ser além das aparências

Quem você quer ser é definido pelo que escolhe ser internamente, não pelo que os outros veem.

REFLEXÃO

Como você pode alinhar suas ações com a pessoa que deseja ser, independentemente do olhar do outro?

DIA: ____ / ____ / ____

8 | A pureza do ser interior

Na quietude da introspecção, sua essência se revela sem artifícios. Exu ensina que a pureza do seu ser constitui a base para uma vida autêntica e plena.

REFLEXÃO

O que sua essência tem a dizer sobre quem você quer ser?

DIA: ____ / ____ / ____

9 | Transforme solitude em autenticidade

A verdadeira autenticidade se constrói na solidez de ser fiel a si mesmo, ainda quando ninguém observa. Exu inspira a transformar momentos de solitude em reafirmação do seu verdadeiro eu.

REFLEXÃO

Como você pode usar os momentos de solidão para reafirmar sua autenticidade?

DIA: ____ / ____ / ____

10 | A liberdade de ser sem espectadores

Ser quem você realmente é, sem depender de validação externa, é o ápice da liberdade. Exu ensina que sua identidade floresce quando você se permite ser sem reservas.

REFLEXÃO

Você está pronto para se libertar do desejo de aprovação externa e abraçar seu verdadeiro eu?

A força do riso e da malandragem

Exu ri porque entende a vida

DIA: ____ / ____ / ____

REFLEXÃO

Como você pode incorporar mais leveza e humor à sua jornada?

1 | O riso de Exu

Exu ri porque compreende a complexidade e a beleza da existência. Seu riso é a expressão da sabedoria que transcende dificuldades, mostrando que a leveza pode transformar a realidade.

DIA: ____ / ____ / ____

REFLEXÃO

Você permite que o riso seja seu guia nos momentos difíceis?

2 | Rir para transcender

Rir libera energias que transformam a tristeza em aprendizado.

DIA: ____ / ____ / ____

3 | O humor que liberta

A malandragem de Exu se manifesta em seu riso, libertando o espírito das amarras do sofrimento. Ele nos convida a observar a vida com um olhar descontraído e transformador.

REFLEXÃO

De que forma o humor pode liberar você dos fardos diários?

DIA: ____ / ____ / ____

4 | Riso e sabedoria

A sabedoria de Exu se revela em seu riso, resposta à ironia da existência. Cada gargalhada é um lembrete de que a vida é uma dança, e o humor, seu compasso.

REFLEXÃO

Como você pode usar o riso para encontrar equilíbrio em sua vida?

DIA: ___ / ___ / ___

5 | Rir para entender

Exu ri porque sabe que, mesmo nos momentos desafiadores, há sempre algo a ser aprendido. Esse entendimento transforma a adversidade em oportunidade de crescimento.

REFLEXÃO

O que você aprendeu com os momentos em que o riso emergiu em meio às dificuldades?

DIA: ___ / ___ / ___

6 | Humor que ilumina

O riso de Exu ilumina o caminho, dissipando as sombras e revelando verdades ocultas. Ele ensina que o humor pode ser a luz que clareia os desafios.

REFLEXÃO

Em que situações você pode deixar o humor iluminar seus obstáculos?

DIA: ____ / ____ / ____

7 | A ironia da existência

Rir é reconhecer a ironia presente em cada aspecto da vida. Exu nos lembra que a verdadeira sabedoria está em aceitar os paradoxos com um sorriso.

REFLEXÃO

Você tem encontrado ironia e humor mesmo nas situações mais desafiadoras?

DIA: ____ / ____ / ____

8 | Riso que reconfigura

Quando você ri, o mundo se transforma. Exu ensina que o riso tem o poder de reconfigurar a realidade, abrindo novas possibilidades.

REFLEXÃO

Como o riso tem transformado sua percepção dos desafios cotidianos?

DIA: ___ / ___ / ___

O riso como revolução | 9

Rir pode ser um ato revolucionário, desafiando convenções e abrindo espaço para a mudança. Exu nos inspira a usar o humor para transformar realidades.

DIA: ___ / ___ / ___

10 | Riso que acolhe

Exu ri porque entende que o humor é um bálsamo para a alma. Seu riso acolhe, cura e convida a ver a vida com mais compaixão e leveza.

REFLEXÃO

Você está aberto a deixar o riso acolher e curar as feridas da sua jornada?

Astúcia não é maldade

DIA: ____ / ____ / ____

1 **Astúcia com sabedoria**

Astúcia, guiada pela sabedoria, é uma ferramenta para enfrentar as complexidades da vida. Exu ensina que a malandragem inteligente transforma desafios em oportunidades.

REFLEXÃO

Como você pode usar sua astúcia de maneira positiva para superar obstáculos?

DIA: ____ / ____ / ____

2 **A inteligência do jogo**

Ser astuto é entender as regras da vida e jogar com inteligência. Exu revela que a astúcia não é maldade, e sim a arte de encontrar soluções criativas.

REFLEXÃO

Você tem usado sua inteligência para criar soluções inovadoras em sua jornada?

DIA: ____ / ____ / ____

3 | Malandragem consciente

A malandragem, quando consciente, é o caminho para a adaptação e a evolução. Exu ensina que ser astuto significa saber quando agir e quando esperar, sempre com integridade.

REFLEXÃO

Em que momentos você utilizou sua malandragem de forma consciente e transformadora?

DIA: ____ / ____ / ____

4 | Astúcia com coração

Ser astuto não é agir sem ética. Exu nos inspira a combinar inteligência com compaixão, mostrando que a astúcia pode refletir um coração sábio.

REFLEXÃO

De que forma você pode alinhar sua inteligência com ética e coração em suas decisões?

SER ASTUTO
NÃO É AGIR
SEM ÉTICA.

DIA: ____ / ____ / ____

5 | A arte de contornar

A astúcia é a arte de contornar obstáculos sem confrontos diretos. Exu ensina que essa habilidade permite navegar pelas dificuldades de forma leve e estratégica.

REFLEXÃO

Quais obstáculos você pode contornar com sua inteligência astuta hoje?

DIA: ____ / ____ / ____

6 | Sutileza e estratégia

A astúcia se manifesta na sutileza dos gestos e na estratégia dos pensamentos. Essa combinação é a chave para transformar desafios em vitórias.

REFLEXÃO

Como você pode aplicar a sutileza e a estratégia para superar os desafios em sua vida?

DIA: ____ / ____ / ____

7 | Inteligência sem crueldade

Ser astuto é ter inteligência refinada, não crueldade. Exu ensina que a verdadeira astúcia transforma problemas em aprendizados sem prejudicar os outros.

REFLEXÃO

Você tem utilizado sua inteligência de modo a beneficiar todos ao seu redor?

DIA: ____ / ____ / ____

8 | O jogo da vida com sabedoria

A vida é um jogo repleto de desafios e oportunidades. Exu inspira a jogar com astúcia e sabedoria, transformando cada movimento em uma lição.

REFLEXÃO

Quais estratégias você pode adotar para jogar a partida da vida com mais sabedoria?

DIA: ____ / ____ / ____

9 | Astúcia que liberta

Quando usada com ética, a astúcia liberta você dos grilhões da mediocridade. Exu ensina que a vitória vem da capacidade de agir estrategicamente.

REFLEXÃO

De que forma sua astúcia tem contribuído para sua liberdade e crescimento pessoal?

DIA: ____ / ____ / ____

10 | O charme da inteligência

A malandragem de Exu exibe um charme único que apenas a inteligência pode oferecer. Exu mostra que, aliada à ética, a astúcia é uma forma elegante de enfrentar desafios.

REFLEXÃO

Você tem permitido que o charme da sua inteligência ilumine seus caminhos?

Quem não sabe jogar vira peça no jogo dos outros

DIA: ____ / ____ / ____

1 **Domine o jogo**

Entender as regras da vida é essencial para não se tornar uma peça passiva. Exu ensina que, para não ser controlado, é preciso aprender a jogar com astúcia e consciência.

REFLEXÃO

Você se sente preparado para assumir o controle do seu próprio jogo?

DIA: ____ / ____ / ____

2 **Jogar ou ser jogado**

A diferença entre ser protagonista ou peça passiva está na habilidade de jogar de maneira consciente.

REFLEXÃO

Quais ações você pode tomar para deixar de ser apenas uma peça e se tornar o jogador principal?

DIA: ___ / ___ / ___

3 | Estratégia da vida

A vida é um jogo que exige estratégia e visão. Exu ensina que, sem essa percepção, corremos o risco de sermos manipulados, perdendo o controle do destino.

REFLEXÃO

Como você pode desenvolver uma estratégia eficaz para assumir o controle da sua vida?

DIA: ___ / ___ / ___

4 | Aprender as regras do jogo

Conhecer as regras do jogo é o primeiro passo para jogá-lo bem. Busque conhecimento e experiência para não se tornar uma peça descartável no jogo dos outros.

REFLEXÃO

Você tem se dedicado a aprender as regras que regem sua jornada?

DIA: ____ / ____ / ____

5 | Jogar com inteligência

A verdadeira habilidade está em jogar com inteligência e visão. Exu ensina que, ao dominar o jogo, você transforma desafios em oportunidades e se torna o mestre do seu destino.

REFLEXÃO

Quais táticas você pode adotar para jogar a partida da vida com mais inteligência?

DIA: ____ / ____ / ____

6 | O risco de não jogar

Não jogar é escolher a passividade e se tornar vulnerável à manipulação. Exu revela que, para se libertar, é preciso aprender a jogar e se posicionar estrategicamente.

REFLEXÃO

Você está disposto a assumir riscos e aprender a jogar o jogo da vida?

DIA: ___ / ___ / ___

7 | Desperte o jogador interior

Dentro de você existe um jogador astuto esperando para assumir o comando. Despertar essa habilidade é essencial para não se tornar uma peça sem voz.

REFLEXÃO

O que você pode fazer para despertar e nutrir o jogador que existe em você?

DIA: ___ / ___ / ___

8 | O poder de decidir

Decidir jogar do seu próprio jeito é o primeiro passo para a liberdade. Exu revela que assumir o comando do jogo faz de você o arquiteto do seu destino.

REFLEXÃO

Você está tomando decisões que refletem seu verdadeiro desejo de liderar a sua vida?

DIA: ____ / ____ / ____

9 | Não seja só mais uma peça

A passividade transforma você em uma peça no jogo dos outros. Despertar para a consciência é o caminho para assumir o controle.

REFLEXÃO

Quais atitudes você pode adotar para evitar ser apenas uma peça no jogo alheio?

DIA: ____ / ____ / ____

10 | Transformar o jogo em sua vitória

Ao aprender a jogar com sabedoria, você transforma o jogo da vida em uma vitória pessoal. Exu inspira a usar cada movimento como um passo rumo à liberdade e ao sucesso.

REFLEXÃO

Como você pode transformar suas estratégias de vida em vitórias pessoais duradouras?

Caminhar com consciência

Sua palavra vale quanto?

DIA: ____ / ____ / ____

1 | O valor da palavra

Cada palavra que você profere carrega um peso e um valor. Exu ensina que a honestidade e a responsabilidade no falar moldam sua jornada e impactam o mundo.

REFLEXÃO

Você tem consciência do valor que suas palavras carregam?

DIA: ____ / ____ / ____

2 | Palavras que constroem

As palavras podem construir pontes ou erguer barreiras. Exu revela que a sabedoria está em escolher falar com integridade, criando conexões que fortalecem seu caminho.

REFLEXÃO

Como você pode usar suas palavras para construir um caminho mais sólido?

AS PALAVRAS
PODEM
CONSTRUIR
PONTES OU
ERGUER
BARREIRAS.

DIA: ____ / ____ / ____

3 | O poder do verbo

Cada vez que você fala, transforma sua realidade. Exu ensina que o verbo é uma ferramenta poderosa, capaz de manifestar sonhos e construir futuros.

REFLEXÃO

De que forma você tem usado o poder do verbo para moldar sua realidade?

DIA: ____ / ____ / ____

4 | A força da verdade

Sua palavra reflete sua integridade. Falar com honestidade fortalece você e inspira outros a seguirem o mesmo caminho.

REFLEXÃO

Você tem se comprometido em honrar a verdade em cada palavra?

DIA: ____ / ____ / ____

5 | Responsabilidade no falar

Cada palavra tem consequências, e falar com responsabilidade é sinal de maturidade. Exu revela que a consciência no uso da palavra é essencial para uma jornada plena.

DIA: ____ / ____ / ____

6 | O eco do seu falar

As palavras ecoam para além do momento em que são ditas. O que você profere retorna e, por isso, é vital que suas palavras reflitam sua essência.

REFLEXÃO

O que você tem cultivado em suas palavras que ecoa na sua vida?

DIA: ____ / ____ / ____

7 A verdade que ressoa

Falar com autenticidade faz sua verdade ressoar no universo. Exu inspira a usar a palavra como instrumento de transformação e conexão.

DIA: ____ / ____ / ____

8 O compromisso do verbo

Comprometer-se com a veracidade do falar é um ato de amor e respeito próprio. Exu ensina que cada palavra deve ser um compromisso com a própria verdade.

REFLEXÃO

Você tem honrado o compromisso com a veracidade em suas falas?

DIA: ___ / ___ / ___

9 | A palavra que ilumina

Palavras sinceras têm o poder de iluminar caminhos, trazendo clareza e inspiração. A luz do seu falar pode guiar você e os outros na escuridão.

REFLEXÃO

Como você pode usar suas palavras para iluminar seu caminho?

DIA: ___ / ___ / ___

10 | O valor da promessa

Cada palavra é uma promessa que se reflete na realidade. O valor da sua palavra é medido pela capacidade de transformá-la em ação.

REFLEXÃO

Você está transformando suas palavras em ações que refletem suas intenções?

Peça caminhos abertos, mas saiba a direção

DIA: ____ / ____ / ____

1 | A direção do destino

Sem uma direção clara, qualquer caminho pode parecer adequado. Exu ensina que conhecer seu propósito interior é essencial para escolher a rota certa.

REFLEXÃO

Você tem clareza da direção que deseja seguir em sua vida?

DIA: ____ / ____ / ____

2 | O rumo da consciência

Quando não temos um destino definido, os caminhos se tornam desvios.

REFLEXÃO

Como você pode se conectar mais profundamente com seu propósito?

DIA: ____ / ____ / ____

3 | Escolher com intenção

Sem clareza, cada escolha pode ser fruto do acaso. A intenção consciente diferencia um caminho significativo de um simples percurso.

REFLEXÃO

Você tem escolhido seus caminhos com intenção e clareza?

REFLEXÃO

Qual estratégia você pode adotar para descobrir e afirmar a direção que deseja seguir?

DIA: ____ / ____ / ____

A busca pela direção | 4

DIA: ____ / ____ / ____

5 | O mapa da alma

Seu destino está nas profundezas da sua alma. Ao explorar seu interior, você encontra o mapa que guia suas escolhas.

REFLEXÃO

Você tem se permitido explorar seu interior para descobrir seu verdadeiro destino?

DIA: ____ / ____ / ____

6 | Despertar para a direção

Ao despertar para seu propósito, cada caminho se ilumina. Esse despertar é a chave para evitar escolhas indesejadas.

REFLEXÃO

De que maneira você pode descobrir a direção que deseja seguir?

DIA: ____ / ____ / ____

O compromisso com o destino | 7

Assumir o compromisso com seu destino significa rejeitar caminhos sem sentido e desalinhados com seu propósito.

DIA: ____ / ____ / ____

8 | A clareza que guia

A clareza interior é o farol que ilumina o caminho certo. Sem essa luz, qualquer rota se perde na incerteza.

REFLEXÃO

Como você pode cultivar mais clareza em suas decisões?

PEÇA
CAMINHOS
ABERTOS,
MAS SAIBA
A DIREÇÃO.

DIA: ____ / ____ / ____

9 Entre o saber e o vagar

Saber para onde vai é o primeiro passo para evitar desvios. Exu ensina que o autoconhecimento constitui a base para uma jornada alinhada com seus anseios.

REFLEXÃO

Você tem buscado o autoconhecimento para direcionar melhor seus passos?

DIA: ____ / ____ / ____

10 A rota da intenção

Exu revela que a intenção diferencia o caminhar consciente do mero vagar.

REFLEXÃO

Você está caminhando com intenção ou se deixando levar por caminhos sem propósito?

Onde você se perde?

DIA: ____ / ____ / ____

1 | **O ponto de desvio**

Muitas vezes, nos perdemos quando não reconhecemos os sinais do nosso próprio caminho. Identificar os pontos de desvio é o primeiro passo para nos reencontrarmos.

REFLEXÃO

Você tem percebido os sinais que indicam onde está se perdendo?

DIA: ____ / ____ / ____

2 | **Entre o foco e a dispersão**

A perda de rumo acontece quando a mente se dispersa. Conservar o foco na verdade interior é o que o mantém no caminho certo.

REFLEXÃO

O que tem feito você perder o foco?

DIA: ___ / ___ / ___

3 | **O labirinto interior**

Às vezes, a jornada interior é um labirinto no qual facilmente nos perdemos. Exu ensina que, ao mapear seus sentimentos e pensamentos, você encontra o caminho de volta à clareza.

REFLEXÃO

Você tem explorado seu labirinto interior para encontrar seu verdadeiro caminho?

DIA: ___ / ___ / ___

4 | **Às vezes, perder o rumo pode ser um sinal para redirecionar sua trajetória**

Reconhecer os momentos em que você se desvia é o primeiro passo para se reencontrar.

REFLEXÃO

Você já notou sinais que indicam que você estava se desviando do seu caminho?

DIA: ____ / ____ / ____

5 | O eco da confusão

Quando você se perde, o eco da confusão pode ser ensurdecedor. Lembre-se de que, no silêncio, é possível ouvir a verdade que o chama de volta.

REFLEXÃO

Como você pode buscar momentos de silêncio para ouvir sua verdade interior?

DIA: ____ / ____ / ____

6 | A bússola interior

Sua bússola interior é o guia que o orienta quando se sente perdido.

REFLEXÃO

Você tem usado sua bússola interior para se reorientar quando se sente perdido?

DIA: ____ / ____ / ____

7 | O recomeço após a perda

Perder o rumo é uma oportunidade para recomeçar com mais sabedoria. Exu nos inspira a transformar a sensação de perda em um novo começo repleto de possibilidades.

REFLEXÃO

Você pode transformar uma sensação de perda em um ponto de recomeço?

DIA: ____ / ____ / ____

Entre a dúvida e a certeza | 8

REFLEXÃO

O que você tem feito para transformar a dúvida em certeza na sua caminhada?

DIA: ____ / ____ / ____

9 | O aprendizado do desvio

Cada vez que você se perde, há uma lição valiosa a ser aprendida. Exu revela que os desvios são oportunidades para ajustar a rota e crescer.

REFLEXÃO

Qual lição você aprendeu recentemente ao perceber que estava se desviando?

DIA: ____ / ____ / ____

10 | Redescobrindo o rumo

Mesmo nos momentos de perda, há sempre a chance de redescobrir o caminho. Exu ensina que a jornada é feita de recomeços e reencontros com a própria essência.

REFLEXÃO

Como você pode se permitir redescobrir seu rumo e se reconectar com sua essência?

PERDER O RUMO É UMA OPORTUNIDADE PARA RECOMEÇAR COM MAIS SABEDORIA.

Fechamentos e recomeços

Todo fim é um novo começo

DIA: ____ / ____ / ____

1 O ciclo da vida

Cada fim carrega a semente de um novo começo. Exu ensina que os encerramentos são oportunidades para renovar, transformando o que se encerra em pontes para o futuro.

REFLEXÃO

De que modo você pode ver os finais como o início de algo novo?

DIA: ____ / ____ / ____

2 O recomeço constante

A vida é feita de ciclos nos quais cada término anuncia uma fase nova. O verdadeiro poder está em reconhecer e abraçar os recomeços que surgem a cada fim.

REFLEXÃO

Qual recomeço você pode celebrar hoje, mesmo que pareça o fim de algo?

DIA: ___ / ___ / ___

3 Fim e recomeço unidos

O fim de um ciclo não é uma derrota, e sim o prenúncio de um novo capítulo. Exu ensina que, ao aceitar o encerramento, você se abre para infinitas possibilidades.

REFLEXÃO

Você tem encontrado oportunidades de crescimento nos momentos de encerramento?

DIA: ___ / ___ / ___

4 O despertar dos finais

Cada final é um convite para algo novo. Exu nos lembra que o encerramento de uma etapa traz a chance de recomeçar com mais sabedoria e vigor.

REFLEXÃO

De que forma você pode transformar um final em um novo despertar?

DIA: ___ / ___ / ___

5 | Ciclos que se renovam

A natureza dos ciclos é renovar-se continuamente.

REFLEXÃO

Como você pode se alinhar com os ciclos naturais de fim e recomeço em sua vida?

DIA: ___ / ___ / ___

6 | Encerramento com propósito

Cada fim bem vivido prepara o terreno para um novo começo repleto de propósito. Exu revela que a verdadeira evolução acontece quando você valoriza cada encerramento como marco de transformação.

REFLEXÃO

Você está honrando os encerramentos em sua vida como marcos de evolução?

DIA: ____ / ____ / ____

7 | **A beleza do encerramento**

Há beleza em cada fim, pois ele traz a oportunidade de se reinventar. Exu ensina que aceitar os finais abre espaço para novos começos repletos de significado.

REFLEXÃO

Que beleza você encontra nos encerramentos de sua jornada?

DIA: ____ / ____ / ____

8 | **O ciclo da renovação**

No ciclo da vida, o fim é apenas o começo de algo maior. Exu inspira a ver cada encerramento como parte de um fluxo contínuo de renovação e evolução.

REFLEXÃO

Como você pode abraçar o fluxo da renovação em sua trajetória?

DIA: ____ / ____ / ____

9 | Renascer a cada fim

Cada fim é uma chance de renascer, de reescrever sua história com novas cores e possibilidades.

REFLEXÃO

Em que aspectos da sua vida você pode renascer a partir de um fim recente?

DIA: ____ / ____ / ____

10 | Transformação contínua

A jornada é feita de constantes transformações, em que cada encerramento prepara o terreno para um novo florescer.

REFLEXÃO

Você está aberto a se transformar continuamente, vendo cada fim como um recomeço?

Você aprendeu algo na sua jornada?

DIA: ____ / ____ / ____

1 Lições do caminho

Cada passo de sua jornada carrega lições valiosas. O aprendizado é contínuo e cada experiência, por mais desafiadora que seja, tem algo a revelar sobre você.

REFLEXÃO

Qual foi a lição mais marcante que você aprendeu até agora?

DIA: ____ / ____ / ____

2 Sabedoria adquirida

A jornada da vida é um professor silencioso, oferecendo sabedoria a cada curva. Exu inspira a valorizar cada aprendizado, mesmo nos momentos de adversidade.

REFLEXÃO

Você tem reconhecido e valorizado os aprendizados que a vida tem lhe oferecido?

DIA: ____ / ____ / ____

3 | O aprendizado é constante

Crescer é um processo contínuo, e cada etapa traz novas lições. Exu ensina que a sabedoria se constrói a partir dos desafios e das conquistas ao longo do caminho.

REFLEXÃO

Como você tem integrado os aprendizados do seu percurso ao dia a dia?

DIA: ____ / ____ / ____

4 | Lições do autoconhecimento

Ao percorrer seu caminho, você descobre partes essenciais de si mesmo. Exu revela que o autoconhecimento é a base para um aprendizado profundo e transformador.

REFLEXÃO

Quais aspectos sobre si você descobriu que contribuíram para seu crescimento?

DIA: ____ / ____ / ____

5 | Cada erro, uma lição

Erros são mestres silenciosos que ensinam a sabedoria da experiência. Exu ensina que aprender com os erros fortalece você para os desafios futuros.

REFLEXÃO

Qual erro recente ensinou a você uma lição valiosa?

DIA: ____ / ____ / ____

6 | A jornada do aprendizado

A verdadeira jornada está no aprendizado contínuo acumulado a cada experiência vivida. Exu convida a refletir sobre as lições que moldam quem você é e quem deseja ser.

REFLEXÃO

Você tem se permitido aprender e evoluir com cada experiência?

CADA PASSO DE SUA JORNADA CARREGA LIÇÕES VALIOSAS.

DIA: ____ / ____ / ____

7 | O legado do conhecimento

Cada passo deixa um legado de conhecimento que você carrega para sempre. O aprendizado não tem fim, e cada lição é um tesouro para sua evolução.

REFLEXÃO

Como você pode compartilhar com os outros o conhecimento adquirido em sua jornada?

DIA: ____ / ____ / ____

Aprender é evoluir | 8

A evolução pessoal está intrinsecamente ligada ao aprendizado. Exu revela que, ao reconhecer cada lição, você se torna mais preparado para os desafios do futuro.

DIA: ___ / ___ / ___

9 | Transforme lições em ação

A sabedoria adquirida deve se transformar em ação. Aplicar os aprendizados adquiridos ao longo da vida é o que realmente impulsiona a sua evolução pessoal e coletiva.

REFLEXÃO

Qual lição você pode transformar em ação prática em sua vida hoje?

____
____
____
____
____
____
____
____
____

DIA: ___ / ___ / ___

10 | O acúmulo de sabedoria

Cada experiência vivida contribui para o acúmulo de sabedoria. Exu inspira a reconhecer que o verdadeiro aprendizado está na soma das lições que a jornada oferece.

REFLEXÃO

Você tem refletido sobre quanto aprendeu e como isso moldou a sua trajetória?

____
____
____
____
____
____
____
____
____

Qual o próximo passo?

DIA: ____ / ____ / ____

1 | O passo da continuidade

Cada fim e cada aprendizado preparam o terreno para o próximo passo. A jornada é feita de movimentos contínuos, e cada etapa abre espaço para a seguinte.

REFLEXÃO

Qual é o próximo passo que você sente que precisa dar em sua vida?

DIA: ____ / ____ / ____

2 | Avance com propósito

O próximo passo deve ser dado com intenção e clareza. Agir com propósito transforma cada movimento em um salto rumo ao destino ideal.

REFLEXÃO

Você está preparado para dar um passo com intenção em direção ao seu propósito?

DIA: ____ / ____ / ____

3 | Planeje sua jornada

Pense no próximo passo e organize o caminho para o futuro.

REFLEXÃO

Quais estratégias você pode adotar para planejar melhor seus próximos passos?

DIA: ____ / ____ / ____

4 | O impulso do recomeço

Após um encerramento, o impulso para recomeçar é fundamental. Exu nos inspira a transformar a energia do fim em motivação para o próximo passo.

REFLEXÃO

Como você pode canalizar a energia de um recomeço para dar um passo significativo?

DIA: ____ / ____ / ____

5 | O próximo capítulo

Cada novo passo é a abertura de um novo capítulo em sua história, e o futuro se constrói com a coragem de avançar, mesmo quando o caminho não está totalmente claro.

REFLEXÃO

Qual capítulo você deseja iniciar a partir do próximo passo que dará?

DIA: ____ / ____ / ____

6 | A decisão do agora

O próximo passo depende da decisão tomada no presente. O agora é o momento de definir o futuro, e cada escolha abre novas possibilidades.

REFLEXÃO

Qual decisão você pode tomar agora para pavimentar o caminho para seu próximo passo?

DIA: ____ / ____ / ____

7 | Movimente-se com clareza

Dar o próximo passo requer movimento aliado à clareza de propósito. Ao agir com foco, cada passo se torna uma escada para a evolução.

REFLEXÃO

Como você pode alinhar seu movimento à clareza dos seus objetivos?

____
____
____
____
____
____
____
____
____

DIA: ____ / ____ / ____

8 | A coragem de avançar

O próximo passo exige coragem para deixar o que ficou para trás e abraçar o desconhecido. Exu o inspira a ter confiança em si mesmo para avançar, mesmo sem garantias.

REFLEXÃO

Você está disponível a dar um passo corajoso, mesmo sem ter todas as respostas?

____
____
____
____
____
____
____
____
____

DIA: ___ / ___ / ___

9 Transforme o desejo em ação

O próximo passo é a materialização dos seus desejos e sonhos.

REFLEXÃO

Como você pode transformar seus desejos em ações concretas a partir de agora?

DIA: ___ / ___ / ___

10 O começo de um novo ciclo

Cada próximo passo marca o início de um novo ciclo em sua jornada. Exu revela que o futuro se constrói a partir da coragem de avançar e do compromisso com sua evolução.

REFLEXÃO

Qual novo ciclo você deseja iniciar com o próximo passo que vai dar?

"QUANTO AOS INIMIGOS: DEIXE QUE FALEM ALTO, MAS FALEM DE MIM.*"

* Por Mestre Sr. Tiriri.

Uma última pausa

Que bom que chegou até aqui!

Espero que todas as reflexões trazidas à luz pela sabedoria de Exu possam ser aplicadas em seu dia a dia para fazer as pazes com o seu passado, garantir um presente focado e evocar um futuro cheio de esperança. Mas saiba: a leitura deste livro representa apenas o início da caminhada rumo a uma vida mais leve, feliz e com propósito.

Além disso, entenda que nem todo caminho é reto, e mudanças de percursos são muitas vezes necessárias para conquistar o que desejamos. Desistir ou fazer um desvio pode ser exatamente aquilo de que precisamos para avançar com mais solidez. Justamente, a sabedoria está em escolher o caminho certo, mesmo que não seja o mais óbvio.

Agradeço por ter estado comigo.

Laroyê, Exu!

Agradecimentos

Primeiro, gostaria de agradecer a Logun Edé, orixá dono do meu Ori, e ao meu Erê, Rouxinol, que sempre me ensina a importância da leveza no viver.

Gostaria também de agradecer aos líderes espirituais do Templo de Unificação Maria do Rosário: Sra. Maria do Rosário, Sr. Exu do Fogo, Sr. Tiriri, Sra. Esmeralda, Sr. Chicote Bravo e Srta. Menina Lasquinha.

Aos meus mentores espirituais, Sra. Syrlla, Sr. Exu do Ouro e Caboclo Sultão Uruguaiana.

Tudo o que sou, devo aos que vieram antes de mim, e a eles agradeço.

Acreditamos
nos livros

Este livro foi composto em Ibarra Real Nova e Quasimoda e impresso pela Lis Gráfica para a Editora Planeta do Brasil em fevereiro de 2026.